四川省哲社学科共建项目《观念引领者在青少年运动健康传播中的影响力研究》（项目批准号：SC17XK015）基金资助

青少年运动健康
传播模式研究

黄黎新　著

西南交通大学出版社

·成　都·

图书在版编目（CIP）数据

青少年运动健康传播模式研究 / 黄黎新著. —成都：
西南交通大学出版社，2020.4
ISBN 978-7-5643-7385-6

Ⅰ.①青… Ⅱ.①黄… Ⅲ.①青少年 – 健身运动 – 传
播学 – 研究Ⅳ.①G808.17②G206.2

中国版本图书馆 CIP 数据核字（2020）第 039428 号

Qingshaonian Yundong Jiankang Chuanbo Moshi Yanjiu

青少年运动健康传播模式研究

黄黎新　著

责 任 编 辑	梁　红
助 理 编 辑	张地木
封 面 设 计	何东琳设计工作室
	西南交通大学出版社
出 版 发 行	（四川省成都市金牛区二环路北一段 111 号
	西南交通大学创新大厦 21 楼）
发 行 部 电 话	028-87600564　028-87600533
邮 政 编 码	610031
网　　　址	http://www.xnjdcbs.com
印　　　刷	四川煤田地质制图印刷厂
成 品 尺 寸	170 mm × 230 mm
印　　　张	11
字　　　数	110 千
版　　　次	2020 年 4 月第 1 版
印　　　次	2020 年 4 月第 1 次
书　　　号	ISBN 978-7-5643-7385-6
定　　　价	60.00 元

前言 /

PREFACE

运动健康传播是健康传播学的重要分支,以提高小至一个社区,大到整个国家的生活质量和健康水准为目的。本研究关注人际传播及大众传播方式在青少年运动健康传播领域的具体应用,以观念引领者在青少年运动健康传播中的影响力等相关问题为切入点,研究观念引领者类型、不同类型观念引领者的影响力差异及如何选择观念引领者以实现更好的传播效果等内容。本研究以创新扩散理论、社会学习理论、二级传播理论等为理论依据,采用 QCA(Qualitative Comparative Analysis,定性比较分析)方法、实验研究方法、社会调查法等研究方法开展实证研究,以期发现观念引领者属性特征与其运动健康传播影响力之间的相关性,并寻找干预青少年运动态度以及行为的策略。

研究发现,学生之间校内课下的人际传播在认知、态度以及行为层面的扩散效果优于其他传播渠道,体育运动项目的属性与青少年运动态度以及行为总体相关,同时在创新扩散的不同阶段,运动项目属性的影响力大小存在差异，那些具有相对优势、相容性高、简单易学的创新运动游戏更易唤起青少年的运动兴趣，进而能使他们接纳并采用实施。此外，某一创新运动项目特有的限定性属性也会影响创新的扩散效果。

同时，体育游戏过程中的随机性、偶然性，会使游戏参加者产生浓厚的兴趣和出乎预料的愉悦感，满足他们情绪、情感上的需求，产生愉快的情绪体验。因此，参与体育游戏对少年儿童人际关系、情绪的改善和满足感的获得效果明显。但如果是自由参与，在给他们带来快乐的同时，对其行为的约束力不高，会导致在行为因子上没有显著改善。

根据社会人际学、被调查者评价以及 QCA 方法，本研究发现，在青少年运动健康传播领域，观念引领者主要存在"榜样型""能力型""稀缺型"三种典型类型。"榜样型"引领者在传播初期具备更强的影响力，其影响力部分来源于教师赋能。但进入传播中期之后，"能力型"引领者的传播影响力明显增强，这种类型的引领者具备了更强的表象化行为能力。具备某些特定属性特征的学生往往具有比其他学生更强的体育影响力。这些特定属性主要包括职务、体育成绩、学业成绩、性别等，这些属性在运动健康传播的不同阶段分别决定着观念引领者的影响力强弱。

调查发现，在体育真人秀热播的八大微观机制中，男性青少年最关注的是参与者的个人能力、参与者的影响力、涉及项目的普及程度以及是否有对战和淘汰环节，这四个要素对其运动态度的改变也影响明显。对于男性青少年而言，以高水平的"明星导师+大众选手"作为参与者的励志成长类体育真人秀深受他们的喜爱。女性青少年最关注的是参与者的影响力和节目内容创新与趣味性、参与者类型这三大微观要素，而"'全明星'阵容参与励志成长类"体育真人秀是女性青少年所关注的节目。体育真人秀能够为青少年提供轻松愉悦的观看体验，此类节目设有相关体育项目的比拼环节，展现明星的号召力、明星导师的影响力及大众选手的高水平表现，且通过传递"永不言弃、团结拼搏"的体育精神，对青少年体育运动态度的改变产生积极的影响。

基于以上调查发现，本研究进一步提出，中小学校内课间学生之间的地方人际传播方式是社会大众传播和学校组织传播的有效补充，通过建立以观念引领者为主体的地方人机传播机制，构建友好的地方人际传播环境，孵化培育不同类型的观念引领者，可以有效提升我国青少年运动健康传播效果，为青少年运动健康传播探寻一条新的传播路径。

黄黎新

2019 年 10 月

目 录 /
CONTENTS

1 研究背景及研究现状

1.1　研究背景

党的十八大以来，以习近平同志为核心的党中央高度重视体育工作，谋划、推动体育事业改革发展，将全民健身上升为国家战略，推动全民健身和全民健康深度融合，加快推进体育强国建设。青少年体魄强健、意志坚强、充满活力，是一个民族旺盛生命力的体现。加强青少年体育、完善青少年体育公共服务体系、强化竞技体育后备人才培养，对于落实全民健身国家战略、实施奥运战略、建设体育强国，培养中国特色社会主义事业合格建设者和接班人，全面建成小康社会，具有重要意义。

健康传播作为一个跨学科研究领域，最早发源于美国，中国开展健康传播研究也已有十余年的历史。作为健康传播的一个重要分支，运动健康传播就是将运动医学、运动训练学、运动心理学、体育教育学等学科研究成果转化为大众的运动健康知识，并力图影响其运动健康态度、运动健康行为习惯，以提高小至一个社区，大到整个国家的生活质量和健康水准的行为。

近年来，伴随国内外运动健康理念认同度的进一步提升，运动健康传播实践在内容、手段和方法上不断丰富和创新。在社会实践层面，针对中小学生特殊群体的运动健康传播，主要依赖社会、学校以及家庭三方面的共同参与，涉及大众传播、组织传播、人际传播等多种传播类型；包含传播主体、传播渠道、传播内容、传播技巧等多个维度。研究发现，大众传播在青少年运动健康传播中的效果主要显现在认知层面，即利用大众传播方式能够在一定程度上实现运动健康知识和信息的有效到达，它是受传者获取知识信息的方式和渠道之一，但大众传播在青少年运动态度和行为层面的效果不甚明显。究其原因，一是这一群体尤其是低年龄段的学生接触大众传播媒介时间有限，学校、家庭对他们使用大众传播媒介的时长、频率及方式都有一定限制；二是大众传播媒介相关内容的受众指向性还未细化到这一群体。

研究同时发现，青少年对运动健康的认知正处于积累阶段，他们参与体育运动的态度和行为也不稳定，易受到外部环境，尤其是"学校"这一归属群体的影响。在其他相关研究中可以看到，目前我国中小学运动健康传播主要由体育课程教学承担，体育任课教师利用体育课程教学时间进行体育健康知识传授、体育运动能力培养以及体育健康观念引导。就传播内容来看，学校在体育课程教学中，主要安排一些以提高身体素质为目的的教学内容，辅助进行传统体育项目知识技能传授，例如田径、球类项目。这种以"教育者"为主导的单向组织传播方式同样专注于运动健康信息的到达率，也能在一定程度上提高青少年的身体素质，但针对其态度与行为层面的传播影响效果不甚明显。简单来说就是，学生了解了相关运动知识和健康观念，但未必会真正喜欢并参与到运动中来。

与此同时，笔者在前期研究中发现，在青少年运动健康认知阶段，大众传播渠道与人际传播渠道的影响力相当。但是，在青少年运动行为改变阶段，人际传播的影响力明显增强，并且这种影响主要发生在学生在校期间的课下时段，而并非校外时间。从前期实验研究结果来看，只接受体育课内组织传播的控制组学生，其采纳创新运动项目的前后期人数变化不大，而同时接受体育课内组织传播和课下人际传播的实验组学生，其采纳创新运动项目的前后期人数变化更大。

通过以上研究梳理，笔者提出，在校内课下时段，学生与学生之间的地方人际传播方式是否可以成为社会大众传播和学校组织传播的有效补充？如果这一传播方式和路径可行，那么是否能够在体育课程教学的基础上，设计开发一些有趣、新颖的创新体育运动项目或者体育游戏，唤起青少年的运动兴趣，引导他们养成运动习惯，并促进青少年通过运动提高身体素质和健康水准？人际交流中作为观念引领者（被模仿者）的社会群体是否存在类型学意义上的典型特征，是否能够测定观念引领者的"集中性"，不同类型观念引领者的影响力是否还存在强弱差异？如何选择和利用观念引领者以实现更好的传播效果？这些是本研究关注的焦点。

1.2　国内外研究现状述评

健康传播最早发源于美国，中国开展健康传播研究也已有十余年的历史。作为健康传播的一个重要分支，运动健康传播就是将运动医学、运动训练学、运动心理学、体育教育学等学科研究成果转化为大众的运动健康知识，并力图影响其运动健康态度、运动健康行为习惯的改变，以提高小至一个社区，大到整个国家的生活质量和健康水准为目的的行为。近年来，伴随国内外运动健康理念认同度的进一步提升，运动健康传播实践在形式、内容和方法上不断丰富和创新。与之相比较，运动健康传播研究在量与质两个方面均不容乐观。而针对国内中小学学生群体的运动健康传播研究，在研究取向、研究方法等方面也存在一些问题。

笔者以中国知识基础设施工程（CNKI）学术文献总库为国内文献来源，以 EBSCO，ProQuest，Wiley 三大检索平台的数据库为国外文献来源，对 2012 年至今的相关学术文献进行跨学科全库检索，并通过阅读分析文献获得以下研究结果。第一，研究议题方面：以"青少年运动健康传播策略"为主题检索到的篇目数为国内 0 篇，国外 13 篇。以"运动健康传播策略"为主题检索到的篇目数为国内 0 篇，国外 13 篇。以"运动健康传播"为主题检索到的国内外学术文献篇目数为 80 篇。以"运动健康教育"为主题检索到的篇目数为国内 321篇，国外 13 篇。以"健康传播"为主题检索到的篇目数为国内 1490 篇，国外 4988 篇。第二，研究视角方面，取体育学视角的研究占研究文献的 13%、医学视角的研究占 40%、传播学视角的研究占 24%、社会学视角的研究占 15%、其他视角的研究占 8%。其中，取传播学研究视角的论文全部集中在"健康传播"研究领域，在"运动健康传播""运动健康教育"为议题的相关研究中，取该研究视角的文献为 0 篇。第三，研究方法方面，定性研究占 60%、定量研究占 32%、其他研究方法占 8%，使用实验法方法的研究论文为 0 篇。

国内相关研究议题的主要研究结论呈现以下特征：

　　第一，运动健康传播研究方面，成果数量有限。学者张业安在《青少年运动健康传播模式：理论框架、变量关系及效果评估》一文中对青少年运动健康传播的概念给出了自己的定义："以现代大众传媒为工具，以运动与健康信息为核心内容，以提升运动参与水平及科学性为目标，进而促进人们身心健康的一系列传播活动。"该研究同时还构建了包含"一背景（媒介化）、三维度（宏观、中观和微观）、三因素（媒介使用、运动、健康）"的青少年运动健康传播模式。该研究认为，推进该模型应以青少年的媒介使用为关键，以青少年体育信息的内化与转化为核心，综合以圈层传播主导的多种传播方式，构建媒介传播社会支持网络，促进青少年形成以媒介技术为支撑的运动生活方式。

　　第二，运动健康教育研究方面，主要采取教育学研究范式，研究方法相对传统。学者王鹏等的《运动健康教育干预对广州市小学生肥胖率的影响》一文，选取广州市某小学学生进行为期一年的运动健康教育干预，同时以另一小学作为对照，测定干预前后学生身高、体重，并计算身体质量指数。研究认为，运动健康教育干预通过培养学生自我体育锻炼意识，并将营养知识宣教与科学的运动健身方式相结合，增强了学生体育锻炼的科学性和有效性，从而对学生身体形态生长水平起到了明显促进作用。学者甄志平的《体育与健康教育对中学生体质干预的实验研究》旨在构建"知信行融合统一的发展性体育教育模式"，其实验研究方法亦值得借鉴。

　　第三，健康传播研究方面，研究成果较为丰硕，是近年来传播学领域研究热点之一。学者张自力的学术专著《健康传播学：身与心的交融》通过系统的理论梳理和多层次、多角度的领域观照，较全面地勾勒出健康传播的基本理论框架和实践图景。学者喻国明的《健康传播：中国人的接触、认知与认同》给出了健康传播研究的理论框架与学术逻辑，旨在建立系统的中国健康传播数据库，创新中国健康传播研究范式与方法，为中国健康传播未来的国际化发展开启新的篇章。学者聂静虹在《健康传播学》一书中对健康传播的概念、理论模型、研究范式和发展历史进行了阐述，同时还关注了媒介技术与健康传播的关系，探讨新媒体时代健康传播面临的机遇和挑战。学者廖清俊等在《20年以来我国大陆健康传播的文献计量学研究》一文中系统梳理了2009年以前中国大陆健康传播学研究的进路。研究发现，健康传播正在逐步兴起，主题广泛方法多样。学者王林等在《中国武术实施健康传播的理论逻辑与现实思路》一文中，侧重分析了中国武术实施健康传播的3个内含理论逻辑、3大传播困境以及传播的现实路径。此外《健康传播的理论关照、模型构建与创新要素》《社会网络分析视野下的健康传播》等，也分别从不同角度对该议题进行了探讨。

　　国外相关研究议题的主要研究结论呈现以下特征：

　　第一，运动健康传播研究方面，研究议题较为分散。学者 B. Hyndman 等在《国际媒体的体育教育：5年分析》中从大众传媒与体育教育的关系视角切入，提出体育教育的信息一直是一个"充满争议的地方"，经常围绕其目的以及概念出现认识混乱。主流媒体是一个强大的沟通渠道，是公众的看法的主要影响者，但媒体平台如何报道体育行业则需要引起研究者关注。该研究对体育专业如何被报道到公共领域的概念和主题进行了揭示。

第二，运动健康教育研究方面，研究视角多集中于教育的方式和方法。学者 I. Lyngstad 等在《学生对高中体育教育的看法》一文中根据 26 名学生的访谈数据，提出了体育具有能够打破学校其他课程的功能的观点。研究者认为，在日常的学校生活中，体育活动时间是一个"运动时刻"，应该以学习视角来看待它。学者 B. Smith 等在《促进残疾人的体育活动，信使、信息、指导方针和通信格式》中关注了特殊人群的运动健康教育问题。该研究第一次强调了促进体育活动的 T 组信使，他们是社会工作者。同时研究者认为，信息应该包括对快乐的关注、一定数量的物理活动、力量、宁静、视觉形象、语言和不同的损伤。该研究对促进体育活动提供了新的见解。

第三，健康传播研究方面，国外研究起步较早，研究较为成熟。帕特丽夏·盖斯特-马丁（Patricia Geist-Martin）等在著作《健康传播：个人、文化与政治的综合视角》中，从人际关系、临床医学和公共健康领域广泛取材，探讨了健康传播背后的文化价值和政治现象，提出了一些该领域的重要概念。张迪等的《论当代美国健康传播研究之特点——基于〈健康传播〉的内容分析》，选取美国主流健康传播期刊《健康传播》，对其 2011 年刊载的所有文章进行内容分析，并对美国健康传播研究概况进行了梳理。研究者认为，当前美国健康传播研究强调量化研究方法的运用，重视大众传播媒介的作用，同时关注人际传播与新媒体传播。

根据以上文献梳理可以推导出以下结论。第一，运动健康传播作为健康传播的一个重要分支，其研究价值和研究意义尚未被学界充分认知，近年来国内外相关学术文献数量有限。第二，运动健康传播研究角度相对单一。现有文献主要从体育学或者运动医学等单一学科视角出发，旨在探讨某一体育运动项目的健康传播价值、形式、内容和方法，而取传播学视角，尤其是人际传播视角，关注人际传播在青少年运动健康传播中的运用，以及对人际传播各环节、各层面、各要素加以关照的研究几乎空白。第三，研究议题上，表现为以传播者为主导的单向传播理念至上，以运动健康教育为主要研究取向，基于受众和效果分析的双向互动传播较少受到关注。第四，研究方法缺乏多样性。尤其在国内，以质化定性的研究方法为主，而基于数据分析的量化研究几乎空白。

1.3　研究的价值和意义

基于对国内外研究现状的梳理，笔者认为，本课题研究的意义和价值有以下三方面。

第一，本研究是对健康传播学理论的重要补充。健康传播学研究开展时间不长，但其重要性已经得到各界认同。运动健康传播研究通过对运动健康传播理论的建构和验证，对运动健康传播规律的探讨，对社会中各种运动健康现象的解释，为健康传播学注入新的内容。

第二，本研究也是对现实社会生活中越来越频繁出现的青少年运动健康问题的科学回应。青少年身体健康关乎国家未来，本研究从人际传播在青少年运动健康传播中的应用出发，针对传播者要素展开研究，以期发现观念引领者与青少年运动健康态度及行为养成的相关性，并以此为依据提供切实可行的传播干预策略。

第三，本研究尝试推动研究结果在教育领域的实践性转化。依据对运动健康传播路径、效果的科学评估，提出符合我国中小学生运动健康状况的传播政策，推动决策机构开展更有针对性的运动健康传播实践活动，以最终实现培养青少年终身运动的健康态度和行为，提高青少年身体素质和健康水准的目的。

1.4　研究目标

研究表明，学生与学生之间的地方人际关系渠道对青少年运动态度以及行为的影响，大于广泛的人际关系渠道（大众传播）以及校内的体育课程教学（组织传播），同时人际传播中的观念引领者的属性特征与青少年运动态度以及行为相关。针对这一研究发现，笔者提出以下看法：是否能够在体育课程教学的基础上，充分利用学生在校期间的课下时间，比如课间、自由活动时间等，通过学生与学生之间的人际交流，提高运动健康传播效率？如果这一传播方式可行，那么人际交流中的各传播要素与传播效果之间的相关性如何？是否能够设计开发一些有趣、新颖的创新体育运动项或者体育游戏，唤起青少年的运动兴趣，引导他们养成运动习惯，并促使青少年通过运动提高身体素质和健康水准？作为观念引领者（被模仿者）是否具有类型学意义上的规律？不同类型观念引领者的影响力是否还存在一定差异？如何选择观念引领者以实现更好的传播效果？笔者期望通过研究以上问题，寻找一条更有效的传播路径，以影响青少年的运动健康态度和行为。

1.5　研究的主要内容

为实现以上研究目的，本研究课题主要依据传播学中"社会学习理论""创新与扩散理论""二级传播理论""调和理论"等相关理论开展以下几个方面的研究。

（1）"地方"人际传播模式在青少年运动健康传播中的运用。

（2）创新运动项目属性与青少年运动态度与行为之间的相关性。

（3）观念引领者在类型学意义上存在哪些典型类型。

（4）不同类型观念引领者的影响力有怎样的差异。

（5）大众传媒体育真人秀节目的"青少年运动态度唤醒机制"。

（6）体育真人秀节目中的微观构成要素对青少年运动态度及行为的影响。

（7）媒介青少年体育赛事传播对青少年运动态度及行为的影响。

1.6　研究的创新点

本研究的创新点主要反映在以下几个方面：

第一，研究视角的突破。目前国内外运动健康传播一般从体育教育学或运动医学视角出发，其研究目的、研究内容和研究方法都遵从该学科领域的基本范式。本课题研究从传播学研究视角，运用传播学相关理论和方法，考察研究观念引领者属性特征与其运动健康传播影响力之间的相关性，并试图发现影响和改变青少年运动健康态度及行为的有效传播路径。

第二，依据理论的突破。社会学习理论是人际传播经典理论之一。这一理论由加拿大裔美国心理学家阿尔伯特·班杜拉（Albert Bandura）提出。班杜拉认为，人的学习活动主要是通过观察他人在特定情境中的行为，审视他人所接受的强化，把他人的示范作为媒介的模仿活动。

第三，研究方法的突破。实验研究法、QCA 法等研究方法为本课题主要采用的方法，它们也是传播学相关研究中运用较多的研究方法。但具体到本课题的相关研究，之前国内学者较多采用了定性的以阐释为主要途径的研究方法，定性研究占到研究总量的 70% 以上（国内），而国内外相关研究中，还未看到有采用实验研究方法进行的研究。

2 理论依据及研究假设

2.1　理论依据

2.1.1　社会学习理论

20世纪70年代，心理学家班杜拉在前人理论铺垫和大量实验研究基础上提出了现代社会学习理论，对人的观察行为做出了比较全面而客观的解释。班杜拉认为，人的行为，特别是人的复杂行为主要是后天习得的。行为的习得既受遗传因素和生理因素的制约，又受后天经验环境的影响。而这些因素和环境在决定人的行为时又微妙地交织在一起，很难将它们分开。班杜拉认为行为习得有两种不同的过程：一种是通过直接经验获得行为反应模式的过程，他把这种行为习得过程称为"通过反应的结果所进行的学习"，即我们所说的直接经验的学习；另一种是通过观察示范者的行为而习得行为的过程，班杜拉将它称之为"通过示范所进行的学习"，即我们所说的间接经验的学习。因此，社会学习理论也被称为"社会模仿理论"。

社会模仿指的是个体在非控制性社会刺激作用下，以社会上其他人的行为为模本，做出相类似行为的一种社会心理现象。社会模仿包括三种成分：模仿者、榜样者（或称被模仿者）和模仿内容。模仿内容以外显行为为主，如表情、姿势、行为方式、动作等。模仿者总是以自己的期望为准则对榜样者的行为进行模仿，即模仿者总是模仿自己所希望、所倾向、所喜欢的行为。

在观察学习的过程中，人们获得了示范活动的象征性表象，这又引导了学习者们适当的操作。观察学习的全过程由四个阶段（或四个子过程）构成。注意过程是观察学习的起始环节。接下来是观察学习的保持阶段。第三个阶段，观察学习者会再现以前所观察到的示范行为。能够再现示范行为之后进入第四阶段，在这一阶段，观察学习者（或模仿者）是否能够经常表现出示范行为要受到行为结果因素的影响。

2.1.2　创新扩散理论

扩散研究传统起源于 19 世纪末 20 世纪初的欧洲，法国社会学和社会心理学的开山鼻祖之一加布里埃尔·塔尔德（Gabriel Tarde），从心理学角度研究人类在决策过程中的心理过程，被称为"模仿定律"。塔尔德的理论被后来的美国人类学家间接引用，这其中瑞安（Bryce Ryan）和格罗斯（Neal Gross）对艾奥瓦州杂交玉米种子的扩散研究最具影响力。除人类学之外，其他领域也使用了扩散研究的方法，例如早期社会学、教育学、公共卫生和医疗社会学、传播学、营销学、地理学以及农村社会学。至 20 世纪 60 年代，美国学者罗杰斯（E. M. Rogers）对创新扩散过程进行了系统阐述，并使之最终成为传播效果研究经典理论之一。

罗杰斯认为，创新是一种被个人或其他采用单位视为新颖的观念、实践或事物；扩散是创新通过一段时间，经由特定的渠道，在某一社会团体的成员中传播的过程。创新扩散的过程包含四个主要因素：创新、传播渠道、时间、一个社

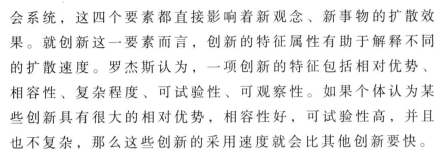

会系统，这四个要素都直接影响着新观念、新事物的扩散效果。就创新这一要素而言，创新的特征属性有助于解释不同的扩散速度。罗杰斯认为，一项创新的特征包括相对优势、相容性、复杂程度、可试验性、可观察性。如果个体认为某些创新具有很大的相对优势，相容性好，可试验性高，并且也不复杂，那么这些创新的采用速度就会比其他创新要快。

在这里，罗杰斯将相对优势定义为某项创新优越于它所取代的旧主意的程度；相容性是指某项创新与现有价值观、以往经验、预期采用者需求的共存程度；复杂程度是指某项创新被理解和运用的难度；可试验性是指某项创新在有限基础上可被试验的程度；可观察性是指某项创新结果能为他人看见的程度。

此外罗杰斯认为，个人对创新做出决策并不是一瞬间的行为。相反，这个过程需要一定的时间，经历五个阶段：认知、说服、决定、实施和确认。在创新-决策过程的认知阶段，大众传媒渠道相对来说较为重要，而在创新-决策过程的说服阶段，人际关系渠道相对来说更为重要。同时罗杰斯进一步认为，与广泛的人际关系渠道相比较，地方人际关系渠道更为重要。广泛的传播渠道是指那些来自研究的社会系统之外的渠道，例如创新机构。地方人际关系渠道是指社会系统中更为直接亲密的渠道，例如所属的社会群体。

罗杰斯还认为，扩散发生在一个社会系统中，社会系统的结构影响创新的扩散。一个系统中一些成员发挥观念引领者的作用，他们为该系统的多数成员提供信息和建议。观念引领者的领导能力是指个体能够通过非正式的渠道较为频繁地影响其他个体的行为和态度。这种非正式的领导能力并不是通过该个体在系统中所具有的正式职位或地位所获得的。

2.1.3　二级传播理论

二级传播理论是传播学经典理论之一，由传播学四大先驱者之一的美国社会学家拉扎斯菲尔德（Paul F. Lazarsfeld）提出。1940 年拉扎斯菲尔德在主持一项研究时发现，在总统选举中，选民们政治倾向的改变很少直接受大众传媒的影响，人们之间面对面的交流似乎对其政治态度的形成和转变更为关键。通常情况下，有关的信息和想法都是首先从某一个信息源（如某一个候选人）那里通过大众媒介达到所谓的"意见领袖（opinion leader）"那里，然后再通过意见领袖把信息传播给普通民众。信息源传给意见领袖作为第一个阶段，主要是信息传达的过程，意见领袖传达给普通民众作为第二阶段，则主要是人际影响的扩散。这就是著名的二级传播假设（Two-step flow of communication hypothesis）。

拉扎斯菲尔德认为，意见领袖是信息传播的中间站，他们是人群中较活跃的部分，在人群中能得到广泛响应。他们比一般人更多地接触媒介，更多地知道媒介的内容，广大人群把他们看作主要的信息渠道，由他们将信息加载于受众脑海中，影响受众的决策。大众传播只在加强受众的原有立场方面具有明显效果，而在改变受众态度方面，其影响远不如人际传播。这一理论使人们认识到大众媒介渠道和人际传播渠道在人们信息获取和决策（态度形成和转变以及具体的行动）中的不同角色和作用。在创新的传播扩散中，两级传播模型具有重要的意义。受众对创新的采用由以下阶段组成：认知、说服、决策、使用和确认。在两级传播模式的诠释下，大众传播在人们的认知阶段具有重要作用，而在说服和决策阶段，人际传播的影响更显著。因此，尽管在技术传播时，受众既身处于大众信息传播的覆盖中，又身处于人际传播的扩散网络中，但两者对于受众采用新技术的影响是不同的。

2.2 研究的基本假设

根据以上相关理论，本研究认为，校内课下学生之间的人际传播即构成一个地方人际传播环境。在"学校"这一社会子系统内部，具备某些属性特征的学生发挥着观念引领者的作用，这些观念引领者在某些方面与"意见领袖"存在相似性，即他们都可以对系统内其他多数成员施加影响，但不同在于，观念引领者所具有的影响力并非完全来自"信源"等他者赋能，而更多是来自其自身的自我赋能。此外，校内课下学生之间的人际传播过程亦可视为是一个典型的社会学习过程，其中包含作为模仿者的学生，作为被模仿者的观念引领者，以及作为模仿内容的体育活动三个参与要素，观念引领者的影响力强弱亦可以通过四个学习阶段加以考察。由此笔者提出以下研究假设。

假设一：学生与学生之间的地方人际关系渠道对青少年运动态度以及行为的影响，大于广泛的人际关系渠道，也大于其他大众传播渠道。

基本依据：这一假设主要基于相关理论以及前期研究成果的发现。罗杰斯的创新传播理论认为，大众媒介与人际传播的结合是新观念传播和说服人们利用这些创新最有效的途径，大众传播可以较为有效地提供新信息，而人际传播对改变人的态度与行为更有利。相对来说，大众媒介渠道相比人际渠道和本地渠道，对创新观念的早期采用者来说，比对晚期采用者更为重要。总体上看，发挥大众传播媒介即时、迅速、广泛的长处，然后再使用人际网予以劝服，即将大众传播与人际传播相结合可以取得最大的传播效果。

拉扎斯菲也在经典的二级传播理论中提出，大众传播对人们的影响不是直接的，而是一个二级传播过程。来自大众媒体的影响首先到达意见领袖那里，意见领袖再把他们读到和听到的内容传达给受他们影响的人。拉扎斯菲尔德等人最初的研究以及后来 E.卡茨（E.Katz）等人的研究发现，在影响人们的决定方面，个人联系比大众媒体更频繁、更有效。

此外，笔者通过前期研究发现，在青少年运动行为改变阶段，人际传播的影响力明显增强，并且这种影响主要发生在学生在校期间的课下时段。因此，可以充分利用学生在校期间的课下时间，比如课间休息、自由活动等时段，通过学生与学生之间的人际交流，再配合开展一些有趣、新颖的创新体育运动或者体育游戏，以达到有效唤起青少年的运动兴趣、使之真正参与到运动中来、并养成热爱运动的习惯的目的。

假设二：青少年运动健康认知、态度、行为与创新运动项目属性特征相关。

基本依据：这一假设主要基于传播学核心理论之一的创

新与扩散理论。这一理论认为，大众媒介与人际传播的结合是新观念传播和说服人们利用这些创新的最有效的途径，大众传播可以较为有效地提供新信息，而人际传播对改变人的态度与行为效果更明显。同时社会心理学家凯尔曼（Herbert C. Kelman）研究了态度形成改变的情况，提出了三阶段理论。这一理论认为：态度是在社会学习的过程中形成和改变的。其形成的过程一般分为服从、同化和内化三个阶段。

假设三：运动健康传播中存在某些观念引领者，他们能对所处的社会群体产生认知以及态度行为上的影响。

基本依据：这一假设主要基于对相关理论研究文献的分析。班杜拉在社会学习理论中强调观察学习在人的行为获得中的作用。他认为人的多数行为是通过观察别人的行为和行为的结果而学得的，依靠观察学习可以迅速掌握大量的行为模式。但同时他强调，获得什么样的行为以及行为的表现如何，则有赖于榜样的作用。榜样是否具有魅力、是否拥有奖赏、榜样行为的复杂程度、榜样行为的结果和榜样与观察者的人际关系都将影响观察者的行为表现。

假设四：具备某些属性特征的观念引领者拥有较之于他人更强的影响力。

基本依据：这一假设主要基于笔者前期研究发现。研究显示，那些人际关系广泛、社会网络关系好的学生的观念领导能力更强，其次为担任班级干部的学生，而并非是那些体育成绩突出的学生。由此笔者思考，是否存在类型学意义上的"传播领袖"，其特征属性具有某些共性？如果存在，那么在实际操作中就可以有明确指向性地选拔这些学生，并对他们进行前期培训，使之熟练掌握运动游戏方法和规则，甚至引导他们学习一定的传播技巧，然后指派这些"传播领袖"在所在班级发挥示范和带动作用。

假设五：不同属性特征的观念引领者在社会模仿的四个阶段存在影响力强弱变化。

基本依据：这一假设主要基于对相关理论研究文献的分析。班杜拉在社会学习理论中提出，观察学习的全过程由四个阶段（或四个子过程）构成。注意过程是观察学习的起始环节，在注意过程中，示范者行动本身的特征、观察者本人的认知特征以及观察者和示范者之间的关系等诸多因素影响着学习的效果。在观察学习的保持阶段，示范者虽然不再出现，但他的行为仍给观察者以影响。要使示范行为在记忆中保持，需要把示范行为以符号的形式表象化。通过符号这一媒介，短暂的榜样示范就能够被保持在长时记忆中。

观察学习的第三个阶段是把记忆中的符号和表象转换成适当的行为，即再现以前所观察到的示范行为。这一过程涉及运动再生的认知组织和根据信息反馈对行为的调整等一系列认知和行为。能够再现示范行为之后，观察学习者（或模仿者）是否能够经常表现出示范行为要受到行为结果因素的影响。行为结果包括外部强化、自我强化和替代性强化。班杜拉把这三种强化作用看成是学习者再现示范行为的动机力量。

2.3   研究思路和研究方法

根据课题研究目的和研究内容的考量，本课题将研究分

为五个阶段（对照下文），主要采用社会人际学与被调查者评价研究方法、QCA方法、实验研究方法开展研究。

2.3.1　研究思路

　　第一阶段采用实验研究方法寻找地方性人际传播中影响青少年运动态度以及行为的若干因素，主要分析创新运动项目属性特征与青少年运动态度以及行为的相关性，是侧重于显示因果关系的研究，采用实验研究方法相对有效。需要补充的是，本研究的前四阶段均在小学生群体中进行，是基于小学生课业压力较小、自由活动时间相对较多的考虑。在第五阶段调查大众传媒对青少年运动态度的影响则面对中学生发放相关问卷。进而希望本研究结论可以应用到多年龄层次的青少年群体中。

　　第二阶段采用社会人际学与被调查者评价研究方法筛选符合研究需要的观念引领者。根据研究需要选择成都市一所普通小学，由校方在二、三、四、五年级每一年级中随机选择6个班级，由班主任推荐本班5名有一定体育影响力的学生，构成有120人的备选名单。然后在班内展开问卷调查，了解该同学是否被班级内同学认可。具体内容不对外公开，只作为实验数据使用。依据问卷调查结果进行筛选淘汰，最终确定24名同学进行QCA归类。

　　第三阶段首先采用QCA研究方法确定观念引领者类型。对24名观念引领者进行属性特征布尔代数算法分析，依据分析统计结果进行赋值计算，并最终确定多属性变量构成类型。

第四阶段再次采用实验研究方法验证第三阶段研究结论，即不同类型观念引领者在社会学习四个不同阶段是否具有影响力以及影响力是否具有强弱差异。本研究在每种类型观念引领者中选择 1 名学生作为实验研究对象，各实验对象同时完成为期 2 个月（均分为 4 个阶段，每个阶段均为 15 天）的实验研究过程。通过实验观察以及统计分析实验数据，研究不同类型观念引领者在注意过程、保持过程、运动再生过程（复现过程）、动机过程等不同阶段的影响力强弱变化，并根据这一研究结果进一步探讨在不同阶段，观念引领者微观构成要素与影响力强弱之间的相关性，以期更为精准地为观念引领者画像。

第五阶段对 2009—2018 年播出的体育真人秀节目进行筛查，最终选择 21 档节目作为研究样本，利用 QCA 方法梳理出微观解释变量并制作问卷调查表，通过网络调查平台"问卷星"向随机抽样的成都市初、高中阶段学生进行发放，然后对调查结果进行汇总，通过归纳、演绎、类比、综合等逻辑分析方法，对问卷调查结果进行梳理并得出结论，考察大众传播体育真人秀节目对青少年运动态度的影响。为了方便回收和数据分析以及问卷对象填写，本研究借助网站发放问卷，并且调查对象的选择是在成都市的中学中进行随机抽样，选择了 3 所主城区学校和 3 所郊区的城镇学校，并随机向该校初、高中生进行发放，发出问卷 600 份，回收有效填写问卷 590 份。为了检验问卷的效度和信度，在发放问卷前，已请专业学者予以评估。此外，其中的 100 份问卷在同一所学校发放，进行了二次填写，得到的重测信度值 Kappa>0.91。

2.3.2　关于社会人际学与被调查者评价研究方法

罗杰斯在创新的扩散理论中提到，衡量网络链中观念领导能力的主要方法有四种，其中社会测量以及被调查者评价是两种主要方法。社会测量就是调查被询问者，对于一个给定的主题，通常会找或假设他可能会找什么样的人员来寻求该主题的信息和建议。观念领导者实际上就是那些社会测量中得票最多的系统内成员，他们具有众多的人际关系链。但罗杰斯同时指出，只有所有社会成员，或者至少是大多数社会成员都参与提供有关人际网络的信息时，这种社会测量才是最适用和有效的。

被调查者评价方法同样可以确定观念引领者。它的理论依据是，系统中有少数关键人物对这个系统内的人际关系相当了解，研究者只对这些人员进行研究，就可以确定观念引领者。在罗杰斯看来，这种方法的正确率不逊于社会测量方法，尤其是在所考查的系统比较小而且被调查者对该系统十分熟悉的时候。

在笔者看来，以上两种方法客观来说各有其利弊。社会测量精确度高，但样本量，大数据庞杂；被调查者评价方法对数据量进行了有效控制，但对少数关键人物的选择将直接影响研究结果的准确性。鉴于此，本研究结合自身研究的问题以及研究所涉及的内容，将两种研究方法结合。首先采用被调查者评价方法，通过对系统中关键少数人物，即班主任老师的调查，来初步确定观念引领者候选人。在这里，班主任作为系统中关键少数人物的依据较为充分，班主任作为班级管理者，对本班学生有相当的了解，对学生特点、性格以及学业情况也非常清楚。其次，在通过被调查者评价方法获得候选人数据的基础上，再采用社会测量方法，在班内展开调查，以印证数据的准确率。此时，调查所针对的系统已经被限定在"班级"单位内，数据量可以得到有效控制。

2.3.3　关于 QCA 研究方法

定性比较分析（Qualitative Comparative Analysis，简称 QCA）是 20 世纪 80 年代在社会科学研究中产生的一种针对中小样本案例研究的分析方法。QCA 最早由美国社会学者查尔斯·拉金（Charles C. Ragin）提出，他在 1987 年出版的《比较方法：在定性和定量策略之外》（*The Comparative Method: Moving Beyond Qualitative and Quantitative Strategies*）中介绍了 QCA，并将其视为一种整合了量化和质化双重取向的研究方法。经过了近三十年的发展，QCA 已在社会科学研究中获得了广泛应用，集中在政治学、社会学、经济学等领域。

QCA 依据的核心逻辑是集合论思想，拉金认为，社会学研究中的很多命题都是系动词的表述，进而可以用集合之间的隶属关系来表示，如果将研究问题或现象看作一个完整集合，那么引发这一问题或现象的诸多原因就是这一集合的不同子集。基于此，通过一定数量的多案例比较，QCA 采用布尔代数算法形式可以寻找到集合之间普遍存在的某些隶属关系，进而展开因果关系的分析。布尔代数的基本规则是：将某个变量出现或不出现用二分法表示为 0/1，出现就取值为 1，或者用大写字母表示，不出现则取值为 0，或者用小写字母表示；用"+"表示"或"的关系，用"‾"表示非充分条件，用"*"表示"和"的关系，用"="以及"→"表示"推导出"。以上这些符号均用于条件变量或结果变量之间的集合关系的运算。

在逻辑比较时，布尔代数方法将任何一个个案都看成是由多个原因条件和结果条件结合而成的。首先，QCA方法的基础是将变量先做两分处理，即解释变量和结果变量两种；其次，QCA的分析逻辑与定量分析不同，定量分析假定社会现象的因果关系是线性的，而定性比较分析则假定社会现象的因果关系是非线性的，原因条件对结果的效应是相互依赖的，且同一个社会现象的发生可能是由不同的原因组合所导致的。由于QCA假定因果关系是多样的、复杂的且可替代的，所以更加关注社会现象发生的多重原因组合，即一个条件对结果的影响同时取决于其他条件；再次，QCA的分析单位是条件组合而不是案例，研究者以所有的条件组合作为分析的基础，根据布尔代数算法简化条件组合；最后，QCA是基于必要条件和充分条件的推断逻辑，而不是统计推断的逻辑，因此定性比较分析持"非对称因果关系"。

本研究关注观念引领者在类型学意义上的属性特征微观构成各要素归类，同时，本研究所涉及研究对象——观念引领者的数量较少，因此较为适合采用QCA研究方法。

2.3.4 关于实验研究方法

在传播学研究中，实验研究方法是显示传播因素间直接因果关系的有效方法。著名传播学家珀西·坦南鲍姆（Percy Tannenbaum）曾经给控制实验下过一个严密的定义：实验是系统地操纵一至数个假定有关的自变量，并在客观状态下，以及在固定其他自变量的可能干涉影响的条件下，观测其对某些因变量的独立效果和交互效应。本研究目的之一在于寻找地方性人际传播中影响青少年运动态度以及行为的若干因素，分析各因素与其运动态度以及行为的相关性，并尝试提出相应的干预策略，是侧重于显示因果关系的研究，采用实验研究方法相对有效。

本研究目的之二在于测量不同类型观念引领者的"影响力"强弱，并分析观念引领者类型中各微观构成要素与观念引领者的"影响力"强弱的相关性。采用实验研究方法可以人为控制自变量，规避其他变量对因变量的干扰，例如传播内容、传播方式、传播技巧等，以便更为清晰地发现观念引领者类型中的微观构成要素与影响力之间的因果关系。此外，本研究课题的研究内容不涉及可能出现的伦理问题。

3

研究设计

3.1　第一阶段实验设计

3.1.1　实验环境

　　本实验选择在四川省成都市成华区一小学中进行。在实验环境选择方面主要把握两个原则，一是尽可能减少对实验环境的人为干扰以及对被试者正常的生活学习的打扰，以提高数据的真实性。二是尽量选择一般普通小学，避免选择体育特长学校，以便排除环境变量对实验数据的影响。

3.1.2　测试对象

　　第一阶段实验选择该小学三、四、五年级，共三个年级并且年龄在 8～12 岁之间的学生为实验对象。每个年级随机选择三个教学班，其中一个班作为实验组，另外两个班作为控制组。最终产生三个实验组，分别为实验一组，实验二组，实验三组，相对应的产生三个控制组，分别为控制一组，控制二组，控制三组。以每个教学班平均 50 人计算，每个实验组的人数为 50 人，每个控制组的人数是 100 人。

3.1.3　变量说明

　　本研究的因变量为青少年运动态度以及运动行为。
　　本研究自变量设计为以下三类：

第一类，传播渠道。本研究中三个实验组，每个实验组指定一名学生作为创新的传播者，这名传播者本身就是该班级的学生，和实验组其他成员为同班同学关系，由此构成一个地方人际传播环境。控制组没有指定传播者，构成广泛的人际传播环境。

　　第二类，创新运动项目的属性特征。本实验设计了三种创新运动游戏项目，第一种是踢毽子，这项运动游戏虽然属于传统民间体育项目，但对于"00后"群体仍具有一定的新鲜感，项目特征在这里被定义为有相对优势，相对优势主要表现为较低的初始成本（一个毽子约3元人民币）、较高的便利性（需要的活动场地不受太大限制，方便活动开展）；第二种是板球，板球运动源自英国，在我国普及度、认知度不高，项目特征在这里被定义为相容性高（其击球、接球、投球等活动方式易于学生掌握）；第三种是撕名牌游戏，此运动游戏在国内最早出现在浙江卫视的综艺节目《奔跑吧兄弟》中，项目特征在这里定义为相对优势，相容性高，复杂性低。相对优势表现为与以往运动游戏不同，比较新颖；相容性高表现为与采纳者心理需求的相对一致性；复杂性低表现为运动难度小，容易学习。以上三类运动游戏各特征变量对比如表3-1所示。

表 3-1　不同创新（运动游戏项目）的特征变量设计

	相对优势	相容性	复杂性	限定性
踢毽子	高	低	高	强
板球	低	高	高	弱
撕名牌	低	高	低	弱

3.1.4　自变量的操纵

实验自 2015 年 3 月开始，至 2015 年 6 月结束，历时 3 个月，约 90 天，具体实施时，将实验期细分为三期，每期约 30 天，第一期（3 月 12 日—4 月 12 日）由各实验组指定任意学生在本组进行踢毽子运动项目的传播扩散；第二期（4 月 12 日—5 月 12 日）由各实验组指定任意学生在本组进行板球运动项目的传播扩散；第三期（5 月 12 日—6 月 12 日）由各实验组指定任意学生在本组进行撕名牌运动项目的传播扩散。控制组不进行运动项目扩散。

3.1.5　观测工具

本实验观测采用封闭式自填问卷方式，分为前测和后测，前测安排在实验开始之前进行，后测安排在实验结束之后进行。实验组、控制组成员均参与问卷调查，两次测试使用同一套问卷。问卷设计包含学生的基本情况、健康状况、课间及课外体育活动基本情况、运动健康态度、创新扩散影响因素调查（见附录一），以及自我意识（见附录二）共六个部分。通过 SPSS 系统的相关分析进行问卷效度检验，计算结果 $|r|=0.6$，为显著相关。

本实验的问卷编码工作由一名实验团队工作人员独立完成，数据统计和分析使用 SPSS19.0 统计分析软件。剔除其中无效问卷，每个实验组、控制组人数均保持在 30 人以上，实验数据有效。

3.2 第二阶段社会人际学与被调查者评价设计

本阶段采用被调查者评价方法，在二、三、四、五年级每年级中随机选择 6 个班级，由各班级班主任老师综合其对学生的印象与判断，分别推荐 5 名在本班有影响力的学生，构成 120 人备选名单。在本研究中，班级班主任即属于少数关键人物，他们熟悉且掌握班级情况，对班内各学生的情况也非常了解，且班级体统较小。

其次采用社会人际学方法，对校方推荐的拟实验研究对象进行进一步的影响力评估，评估工具为调查问卷，调查问卷中评估指标主要依据相关理论。具体操作为，在班级内展开调查，请班级内全体学生对班主任推荐的同学展开评价，班级评价中得票数最高，且得票数过半者，即认定其符合实验基本条件。由此获得 24 人名单（每班各 1 人），最终构成本研究实验对象。具体研究设计见表 3-2。

表 3-2   社会测量与被调查者评价研究设计

衡量方法	描述	提出问题
被调查者评价	选择班主任为系统内关键人物作为调查对象，由班主任推荐 5 名该班级同学作为观念引领者备选人员	班级中哪 5 位同学是你们班级体育影响力最强的
社会人际方法学	询问系统（班级）中学生在采纳体育观念的过程中是否会找该名备选同学寻求信息和建议	你经常找以下哪位同学讨论体育问题，并采纳他（她）的建议

3.3 第三阶段 QCA 研究设计

本阶段研究的主要目的是利用 QCA 方法，将前期确定的 24 名观念引领者进行类型学意义上的整理归类。类型学作为一种分组归类方法的体系，是以事物的特别属性作为分类依据，通过分组归类，可以在各种现象之间建立有限的关系，为探寻现象背后的因果逻辑关系提供支撑。为此，本研究将观念引领者"影响力"确定为结果变量，将观念引领者特征构成要素确定为解释变量。

3.3.1 解释变量设计

根据班杜拉社会学习理论，示范原型（被模仿者）的影响力主要由被模仿者的特征所决定，那些具有一定社会地位、较高的能力和较大的权力的示范原型较易受到关注，同时人际关系结构特征也是重要因素。拉扎斯菲尔德在"二级传播"理论中，对"每一影响领域中的意见领袖，究竟具有什么样的社会特征"这一问题，采用了有关生活阅历类型，社会地位及社交性的测量尺度，但该理论同时注意到，在不同领域，三种因素是以不同的组合形式起作用的。罗杰斯在创新扩散理论中对观念领导能力的论述主要集中于两个方面，一是认为在系统内，多元形态的观念领导，即某个成员担任多个主题的观念引领者，是广泛存在的；二是将观念引领者的特征定义为外界沟通、易接近性、社会经济地位、创新精神、系统规范等 5 个方面。

　　综合以上相关理论可以看到，人际传播中个人影响力的评估主要涉及以下几个核心概念，即"地位""权力""能力""社交""阅历""亲和力"等。本研究根据自身研究对象及研究内容，排除"阅历"等更适用于成年人的概念，同时结合前期研究中的一些结果，增加"性别""形象""其他才艺"等在青少年人群中较为具有关注度的变量指标，最终确定从以下 7 个变量中寻找运动健康领域观念引领者的集中性数据，以确定类型学意义上的观念引领者，为观念引领者画像。需要说明的是，观念引领者性格特征的测量偏向心理学研究领域，因此未被纳入本研究解释变量指标体系中。

3.3.2　解释变量的数据收集方式以及赋值方式

　　在以上 7 个解释变量中，性别、职务、体育成绩、学业成绩、其他才艺由实验对象，即观念引领者自填问卷，其中体育成绩、学业成绩以最近一次期末成绩为准，体育成绩为"优"，即认定为好，优以下即认定为一般；语、数、外成绩为全"优"，即认定为好，非全优即认定为一般。

　　社会网络关系、形象变量通过班级内无记名投票环节一并收集。回答"喜欢该同学"的人数达到 70%以上（含 70%）者，即认定为社会网络关系较强；回答"喜欢该同学"的人数在 70%以下者，即认定为社会网络关系较弱。回答"该同学形象好"的人数达到 70%以上（含 70%）者，即认定为形象较好；回答"该同学形象好"的人数在 70%以下者，即认定为形象较一般。"强"（"好"）赋值为"1"，"弱"（"一般"）赋值为"0"。解释变量中的性别变量赋值方式，男性为"1"，女性为"0"，不涉及强弱判断。各项解释变量及赋值设计如表 3-3 所示。

表 3-3　QCA 解释变量及赋值设计

解释变量	选项及赋值	
性别	男（1）	女（0）
职务	班干部（1）	非班干部（0）
社会网络关系（人缘）	强（1）	弱（0）
体育成绩	优（1）	一般（0）
学业成绩	优（1）	一般（0）
形象	好（1）	一般（0）
其他才艺	有（1）	无（0）

3.3.3　结果变量设计以及赋值方式

本研究阶段的结果变量设计为"影响力"。在前阶段研究中，采用了社会人际学方法，依据得票数从高到低选择出 24 名同学作为研究对象，本阶段将再次以调查获得的得票数作为衡量"影响力"的依据。在这里得票数达到班级总人数 70%以上（含 70%）的，即认定为"影响力"强，得票数达到班级总人数 70%以下的，即认定为"影响力"弱。强影响力赋值为"1"，弱影响力赋值为"0"。

3.4　第四阶段实验设计

本阶段研究的主要目的是进一步确定不同类型观念引领者在社会学习的四个阶段的影响力强弱变化情况，以便发现观念引领者类型构成要素与其传播影响力之间的相关性，找到不同阶段最佳观念引领者，提高运动健康传播有效性。

3.4.1　测试对象

根据前阶段研究归类的观念引领者类型，每一种类型选择一名学生作为实验对象，有几种类型下有不止一名实验对象，该对象所在班级全体学生为一个实验组。以每个教学班平均 50 人计算，每个实验组的人数为 50 人。实验组与实验组之间互为控制组。

3.4.2　实验过程

本实验选择踢毽子运动项目为传播内容，这项运动游戏虽然属于中国传统体育项目，但对于"00 后"群体仍具有一定的新鲜感。实验中，所有实验组的观念引领者选择相同运动项目，可以排除传播内容变量对实验结果的干扰；各实验组观念引领者自由玩耍，可以排除特定传播方式变量对本实验的干扰。

本研究阶段的因变量为青少年运动态度以及运动行为，

自变量为观念引领者类型，各实验组均按照以下四个步骤依序进行实验：

步骤一，注意过程。在本实验阶段，各实验组观念引领者在课间进行踢毽子运动，实验周期为 15 天。实验过程中观察实验组学生是否注意到该实验对象的行为，以及有多少人注意到其行为。15 天实验周期结束后进行测量，测量工具为自填式问卷，问题为"你是否注意到该同学在做一种运动"以及"这是一种什么运动"。

步骤二，保持过程。在本实验阶段，观念引领者不再出现，实验周期仍然为 15 天。实验周期结束后，观察学生是否还记得实验对象所做的运动，是否能模仿该项运动的技术动作。测量工具为自填式问卷，问题为"你是否还记得之前该同学在做什么运动"以及"是否能模仿该项运动的技术动作"。

步骤三，运动再生过程（复现过程）。在本实验阶段，各实验组观念引领者再次在课间进行踢毽子运动，实验周期为 15 天。实验过程中观察实验组学生是否参与到该项运动中，并开始模仿该实验对象的行为，以及模仿该行为的频次是多少。15 天实验周期结束后进行测量，测量工具为自填式问卷，问题为"你是否和该同学一起踢毽子"以及"你大概做过几次该项运动"。

步骤四，动机过程。在本实验阶段，观念引领者不再出现，实验周期仍然为 15 天。实验周期结束后，观察学生是否还会自主进行踢毽子运动，多少学生还会踢毽子，做该项运动的频次是多少。测量工具为自填式问卷，问题为"你是否在做踢毽子这项运动"以及"一周大概踢过几次毽子"。

4 基本数据及分析

4.1 基本健康情况以及运动行为

实验前期调查数据显示，被调查者身高不达标比例接近30%；体重超标的平均比例为 32%；视力低于 0.6 的平均比例为 21%，且低年级比例与高年级基本持平；每学期因病请假次数 2 次及以上的比例平均为 9%，年龄越小，比例越高。运动行为方面，被调查者的性别与运动行为存在相关性，男生每周参加课外体育运动的次数明显高于女生；被调查者父母亲所从事的职业与其运动行为没有直接关联；被调查者年龄与其运动有关联，随着年龄的增长，每周运动频次增加，每次运动时长缩短。

4.2 地方人际关系渠道与广泛的人际关系渠道扩散效果比较分析

4.2.1 认知阶段

创新-决策过程开始于认知阶段。个人（或其他决策单位）认识到某项创新的存在并理解了它的功能，这就是"认知"阶段。本研究实验前测数据显示，三个实验组对踢毽子、板球、撕名牌项目的认知度分别为：实验一组 22%，4%，49%；实验二组 20%，14%，46%；实验三组 26%，10%，38%；其中板球的认知度为最低。试验后测数据显示，三个实验组对踢毽子、板球、撕名牌项目的认知度均有所变化，其中认知度变化幅度最大的项目为撕名牌，其次为板球。具体变化数据如表 4-1 所示。

表 4-1　认知阶段实验组与控制组数据比较　　　　（ % ）

组别及实验时间	踢毽子	板球	撕名牌
实验一组前测（后测）	22（16）	4（9）	49（52）
控制一组前测（后测）	17（21）	10（6）	52（52）
实验二组前测（后测）	20（13）	14（6）	46（54）
控制二组前测（后测）	26（24）	6（5）	41（46）
实验三组前测（后测）	26（22）	10（11）	38（41）
控制三组前测（后测）	19（21）	9（12）	46（35）

与实验组相比较，控制组在前测和后测数据上一些项目有变化，一些项目变化幅度很小甚至没有变化。

此外，调查显示，被试者认知创新的主要渠道来自媒介（包括报纸、广播、电视、网络、电影、杂志等），占比分别为：50.9%（实验一组），43.3%（实验二组），45.2%（实验三组）；其次为同学渠道，三个实验组此渠道占比分别为21.6%，35.4%和 36.6%；来自家长、老师和其他渠道的占比则较低。控制组前测数据与实验组前测数据比较，没有发生占比排序变化。

4.2.2　实施阶段

当个人（或其他决策单位）把一项创新投入使用时，就是"实施"。本研究实验数据显示，实验组经过观念引领者人际传播扩散刺激，被试者在实验前与实验刺激后的实施行为数据发生改变，变化幅度为平均增加 5%，即有 5%的被试者在实验刺激之后接受并采纳了相关运动行为，且三个实验组的变化规律一致。

与之相比，控制组成员的实施行为在前测与后测中变化幅度均值为 4%，三个实验组的变化规律不一致。三个创新项目的变化规律也不一致。其中接受板球和撕名牌项目的人数也有明显增加。具体数据比较如表 4-2 所示。

表 4-2　实施阶段实验组与控制组数据比较　　　（%）

组别及实验时间	踢毽子	板球	撕名牌
实验一组前测（后测）	20（12）	4（7）	58（66）
控制一组前测（后测）	13（9）	7.5（4.3）	62.5（73.2）
实验二组前测（后测）	24（13）	8（13.5）	50（50）
控制二组前测（后测）	27（15）	1.5（8）	52（58）
实验三组前测（后测）	27（15）	8.2（12）	45.7（55）
控制三组前测（后测）	19（19）	5（7.4）	53（49）

值得注意的是，数据显示，踢毽子项目在实验后的参与度不升反降，也就是说在开展实验以后，一些被实验者放弃了原来的运动习惯而采纳并参与到其他创新项目中来。

同时，调查数据还显示，大多数被试者愿意将实施行为选择在学校课间进行，这两个选项的平均占比分别为 54.6%和 49.2%。

4.3 创新运动项目扩散效果数据分析

实验数据显示，本研究设计的三种具有不同的特征的创新项目在扩散中被采纳的比率存在一定差异。具体表现为，板球、撕名牌运动游戏的参与人数增加，板球的参与度在三个实验组中的增加幅度分别为 3.2%，6%，4.9%，撕名牌的参与度的增加幅度分别为 17.7%，1%，10.2%；而踢毽子项目参与人数减少，下降幅度分别为 7.8%，10.5%，11.1%。其中撕名牌的采纳率上升幅度最大，其次为板球。

这一实验数据与问卷调查中关于"你喜欢什么类型的运动游戏"的统计数据基本一致，调查数据显示，"简单""与以前运动游戏类似""比以前运动游戏更优越"三个选项的占比分别为 24.1%，10.1%，65.3%，第三个选项占比明显高于其他选项。

5 针对创新运动项目被采纳率的进一步数据分析

5.1　创新的认知阶段

创新-决策过程开始于认知阶段。本研究将认知操作化为认识到某项创新的存在并理解了它。本研究实验前测数据显示，三个实验组对踢毽子、板球、撕名牌项目的认知度分别为：22%，4%，49%（实验一组）；20%，14%，46%（实验二组）；26%，10%，38%（实验三组）；其中板球的认知度为最低，其次为踢毽子，认知度最高的是撕名牌。试验后测数据显示，三个实验组对三个创新项目的认知度均有所变化，其中提高幅度最大的为踢毽子，其次为撕名牌。认知度变化数据如表 5-1 所示。

表 5-1　实验组认知度数据比较　　　　　　　　（%）

组别及实验时间	踢毽子	板球	撕名牌
实验组 1 前测（后测）	22（16）	4（9）	49（52）
实验组 2 前测（后测）	20（13）	14（6）	46（54）
实验组 3 前测（后测）	26（22）	10（11）	38（41）

5.2　创新的接受阶段

认知阶段完成之后，则进入到说服和决定阶段。本研究将创新的接受操作化为"是否认为创新是有趣的""是否愿意尝试该项运动"。实验前测数据显示，三个实验组对踢毽子、板球、撕名牌项目的接受度分别为：18%，4%，45%（实验一组）；16%，10%，43%（实验二组）；22%，8%，36%（实验三组）；其中板球的接受度为最低，其次为踢毽子，接受度最高的是撕名牌。试验后测数据显示，实验组经过创新扩散刺激，被试者在实验前与实验刺激后的态度数据发生改变，变化幅度为平均增加 5%，即有 5%的被试者在实验刺激之后改变了之前的态度，且三个实验组的变化规律一致。其中提高幅度最大的为板球，其次为撕名牌，踢毽子出现负增长。接受度变化数据如表 5-2 所示。

表 5-2　实验组接受度数据比较　　　　　　　（%）

组别及实验时间	踢毽子	板球	撕名牌
实验组 1 前测（后测）	18（14）	4（10）	45（52）
实验组 2 前测（后测）	16（17）	10（14）	43（44）
实验组 3 前测（后测）	22（20）	8（18）	36（40）

5.3　创新的实施阶段

　　进行具体实施为创新扩散的最后阶段。本研究将创新的实施操作化为是否参与该运动至少 10 次及以上，参与该运动是否持续一个学期或更久。实验前测数据显示，三个实验组对踢毽子、板球、撕名牌项目的实施度分别为：20%，4%，58%（实验一组）；24%，8%，50%（实验二组）；27%，8.2%，

45.7%（实验三组）；其中板球的实施度最低，其次为踢毽子，实施度最高的是撕名牌。试验后测数据显示，实验组经过创新扩散刺激，被试者在实验刺激后的实施数据发生改变，变化幅度为平均增加 6%，即大致有 6%的被试者在实验刺激之后改变了自己的运动行为，且三个实验组的变化规律基本一致。其中变化幅度最大的为撕名牌，其次为板球。实施度变化数据如表 5-3 所示。

表 5-3　实验组实施度数据比较　　　　　　　　　　（%）

组别及实验时间	踢毽子	板球	撕名牌
实验组 1 前测（后测）	20（12）	4（7）	58（66）
实验组 2 前测（后测）	24（13）	8（13.5）	50（50）
实验组 3 前测（后测）	27（15）	8.2（12）	45.7（55）

5.4　创新的扩散效果与创新属性的相关性分析

相关性分析的主要目的是研究创新扩散效果与创新属性之间关系的密切程度，以进一步确定那些更易被扩散的创新所包含的哪种属性对创新的扩散影响更大。本研究实验分别考察了认知阶段、接受阶段、实施阶段的创新扩散效果数据，由于三阶段变量都属于定类型变量，即是与否的取值，因此，这里的相关性分析采用列联表过程进行。从实验后测数据来分析，扩散效果与创新的四种属性总体相关，但在不同阶段，扩散效果与各属性的相关性又存在一定差异。

5.4.1　认知阶段数据分析

　　实验后测数据显示，在创新认知阶段，通过创新扩散后认知度提升幅度最大的创新运动项目是踢毽子。在改变认知的受试者中，选择创新运动项目时，受相对优势属性影响的比例最高，其次是复杂性属性。如表 5-4 所示，实验组 1 关于四种属性的相关系数分别为 0.6，0.3，0.4，0.1；实验组 2 关于四种属性的相关系数分别为 0.7，0.2，0.4，0.1；实验组 3 关于四种属性的相关系数分别为 0.7，0.2，0.4，0.2，其中相关性最高的是相对优势属性，其次为复杂性属性。

表 5-4　认知阶段踢毽子项目扩散与创新属性列联表及相关性（|r|值）

组别	认知阶段	相对优势	相容性	复杂性	限定性
实验组 1	是	25（0.6）	5（0.3）	9（0.4）	2（0.1）
	否	3（0.3）	1（0.2）	4（0.4）	0（0）
实验组 2	是	9（0.7）	2（0.2）	5（0.4）	4（0.1）
	否	4（0.2）	5（0.4）	8（0.5）	4（0.2）
实验组 3	是	28（0.7）	4（0.2）	9（0.4）	3（0.2）
	否	2（0.2）	4（0.5）	1（0.1）	2（0.2）

　　注：表内括号外数据为受某种属性影响最大的实测人数，
　　　　括号内为相关系数|r|值。

5.4.2　接受阶段数据分析

　　实验后测数据显示，在创新接受阶段，通过创新扩散，接受度提升幅度最大的创新运动项目是板球。在改变态度的受试者中，受项目相容性属性影响的比例最高，其次是复杂性属性。如表 5-5 所示，实验组 1 关于四种属性的相关系数分别为 0.3，0.6，0.4，0.1；实验组 2 关于四种属性的相关系数分别为 0.3，0.5，0.3，0.1；实验组 3 关于四种属性的相关系数分别为 0.4，0.6，0.5，0.2，其中相容性属性与创新运动项目扩散效果的相关性最高，其次为复杂性属性。

表 5-5　接受阶段板球项目扩散与创新属性列联表及相关性（|r|值）

组别	接受阶段	相对优势	相容性	复杂性	限定性
实验组 1	是	7（0.3）	19（0.6）	10（0.4）	2（0.1）
	否	5（0.5）	2（0.2）	4（0.4）	0（0）
实验组 2	是	5（0.3）	10（0.5）	4（0.3）	2（0.1）
	否	4（0.2）	5（0.3）	8（0.5）	4（0.2）
实验组 3	是	10（0.4）	18（0.6）	12（0.5）	3（0.2）
	否	3（0.4）	3（0.4）	3（0.2）	1（0.1）

注：表内括号外数据为受某种属性影响最大的实测人数，括号内为相关系数|r|值。

与此同时，后测数据显示，激发被试者尝试意愿的动机主要是该运动项目的有趣程度，即该运动项目是否像它看起来那么有趣，是否与被试者之前的心理预期相一致，这一选项的占比在态度改变者中占到 66%，其次为归属感的需要，占比为 20%。

5.4.3　实施阶段数据分析

实验后测数据显示，在创新实施阶段，通过创新扩散，实施度提升幅度最大的创新运动项目是撕名牌。在改变行为的受试者中，选择项目限定性属性的比例最高，其次是选择项目的复杂性。如表 5-6 所示，实验组 1 关于四种属性的相关系数分别为 0.6，0.3，0.4，0.6；实验组 2 关于四种属性的相关系数分别为 0.4，0.1，0.4，0.5；实验组 3 关于四种属性的相关系数分别为 0.1，0.5，0.5，0.7，其中限定性属性与创新运动项目扩散效果的相关性最高，其次为复杂性属性。

表 5-6　实施阶段撕名牌项目扩散与创新属性列联表及相关性（|r|值）

组别	实施阶段	相对优势	相容性	复杂性	限定性
实验组 1	是	12（0.6）	7（0.3）	9（0.4）	12（0.6）
	否	3（0.4）	1（0.1）	3（0.4）	3（0.4）
实验组 2	是	7（0.4）	2（0.1）	7（0.4）	9（0.5）
	否	1（0.1）	0（0）	2（0.5）	0（0）
实验组 3	是	2（0.1）	12（0.5）	12（0.5）	18（0.7）
	否	2（0.3）	4（0.5）	1（0.1）	3（0.3）

注：表内括号外数据为受某种属性影响最大的实测人数，括号内为相关系数 |r| 值。

6 针对观念引领者要素的
研究结果及数据分析

6.1　社会人际学与被调查者评价结果

　　根据被调查者评价和社会测量相结合的方法，本研究所获得的 24 名观念引领者候选名单及其社会测量数据如表 6-1 所示，候选名单中所有入围候选人得票数均过半数。

表 6-1　被调查者评价及社会测量数据

序号	所在年级班级	得票数（票数占班级人数比例）
候选人 1	二年级 1 班	38（76%）
候选人 2	二年级 2 班	33（66%）
候选人 3	二年级 3 班	30（60%）
候选人 4	二年级 4 班	32（64%）
候选人 5	二年级 5 班	34（68%）
候选人 6	二年级 6 班	42（84%）
候选人 7	三年级 1 班	45（90%）
候选人 8	三年级 2 班	40（80%）
候选人 9	三年级 3 班	40（60%）
候选人 10	三年级 4 班	34（68%）
候选人 11	三年级 5 班	36（72%）
候选人 12	三年级 6 班	39（78%）
候选人 13	四年级 1 班	35（70%）
候选人 14	四年级 2 班	40（80%）
候选人 15	四年级 3 班	43（86%）
候选人 16	四年级 4 班	29（58%）

续表

序号	所在年级班级	得票数（票数占班级人数比例）
候选人 17	四年级 5 班	33（66%）
候选人 18	四年级 6 班	48（96%）
候选人 19	五年级 1 班	44（88%）
候选人 20	五年级 2 班	38（76%）
候选人 21	五年级 3 班	32（64%）
候选人 22	五年级 4 班	32（64%）
候选人 23	五年级 5 班	34（68%）
候选人 24	五年级 6 班	30（60%）

　　按照研究设计，每班级得票最高的候选人成为本研究第二阶段——观念引领者类型学研究对象。值得注意的是，本阶段通过社会测量方式调查的观念引领者影响力只是针对体育方面而言，并非其综合性影响力，即拉扎斯菲尔德所说的"综合型意见领袖"。在某一特定领域的有影响力的候选人，并不代表该候选人也具有其他领域的影响力。

6.2　QCA 结果

　　本阶段对 24 位观念引领者及其所在班级同学展开问卷调查与数据收集，经过整理，获得24位观念引领者的 7 个解释变量数据如表 6-2 所示。同时，根据 QCA 赋值计算需要，对本研究结果变量"影响力"进行了数据收集。

表 6-2 观念引领者解释变量及结果变量描述

序号	性别	职务	社会网络关系	体育成绩	学业成绩	形象	其他才艺	结果变量（"影响力"）
观念引领者 1	男	班干部	强	好	好	一般	无	强
观念引领者 2	男	班干部	强	好	一般	一般	有	弱
观念引领者 3	女	班干部	弱	一般	一般	好	有	弱
观念引领者 4	男	非班干部	强	一般	一般	好	有	弱
观念引领者 5	男	班干部	弱	一般	好	好	无	弱
观念引领者 6	男	班干部	强	好	一般	一般	有	强
观念引领者 7	女	班干部	强	好	好	一般	无	强
观念引领者 8	女	班干部	弱	一般	好	一般	无	强
观念引领者 9	男	非班干部	弱	好	一般	一般	有	弱
观念引领者 10	男	班干部	弱	好	一般	一般	有	弱
观念引领者 11	男	班干部	强	一般	好	好	有	强
观念引领者 12	男	班干部	弱	一般	一般	一般	有	强
观念引领者 13	女	班干部	弱	一般	好	好	有	强

续表

序号	性别	职务	社会网络关系	体育成绩	学业成绩	形象	其他才艺	结果变量（"影响力"）
观念引领者 14	男	非班干部	强	好	好	好	无	强
观念引领者 15	女	班干部	强	好	好	一般	有	强
观念引领者 16	女	班干部	弱	好	好	一般	有	弱
观念引领者 17	男	非班干部	弱	好	一般	一般	无	弱
观念引领者 18	女	班干部	强	一般	一般	好	有	强
观念引领者 19	男	班干部	强	一般	好	一般	有	强
观念引领者 20	男	班干部	强	一般	好	一般	有	强
观念引领者 21	男	非班干部	弱	好	一般	一般	无	弱
观念引领者 22	女	班干部	强	一般	好	好	有	弱
观念引领者 23	男	班干部	弱	一般	一般	一般	有	弱
观念引领者 24	男	班干部	弱	一般	好	一般	有	弱

6.2.1　真值表建构

依照 QCA 的操作规程，本研究根据各变量赋值对 24 个案例进行编码和汇总，可以得到解释变量和结果变量的数据组合即真值表（truth table），以其作为 QCA 的基础。本研究选取：性别（gender）、职务（duty）、社会网络关系（relationship）、体育成绩（P. E. grade）、学业成绩（academic performance）、形象（appearance）、其他才艺（other talent）作为解释变量，解释"影响力"（influence）这一结果变量。各样本变量组合情况如表 6-3 所示。

6.2.2　单变量必要性分析

在定性比较分析中，需要通过对一致性（consistency）和覆盖率（coverage）的计算，来确定解释变量和结果变量之间是否存在必要性和充分性的关系。根据拉金先生的理论，一致性是指被纳入分析的所有案例在多大程度上共享了导致结果发生的某个给定的条件（或条件组合）；覆盖率则是指这些解释变量（或解释变量组合）在多大程度上导致了结果的发生。根据 QCA 理论，如果用集合 Y 代表案例结果发生时的集合，用 X 代表某种条件变量，测量 X 对 Y 的一致性，就是考察 X 在多大程度上能构成 Y 的必要性和充分性条件，计算公式为 Consistency$(X_i \leq Y_i) = \sum [\min(X_i, Y_i)] / \sum (X_i)$。当一致性的计算结果大于 0.9 时，判定条件 X 是结果 Y 的必要条件，

表 6-3　各样本变量组合情况真值表

样本序号 (sample)	性别 (gender)	职务 (duty)	社会网络关系 (relationship)	体育成绩 (P.E. grade)	学业成绩 (academic performance)	形象 (appearance)	其他才艺 (other talent)	影响力 (influence)
1	1	1	1	1	1	0	0	1
2	1	1	1	1	0	0	1	0
3	0	1	0	0	0	1	1	0
4	1	0	1	0	0	1	1	0
5	1	1	0	0	1	1	0	0
6	1	1	1	1	0	0	1	1
7	0	1	1	1	1	0	0	1
8	0	0	0	0	1	0	0	1
9	1	1	0	1	0	0	1	0
10	1	1	0	1	0	0	1	0
11	1	1	1	0	1	1	1	1
12	1	1	0	0	0	0	1	1

续表

样本序号 (sample)	性别 (gender)	职务 (duty)	社会网络关系 (relationship)	体育成绩 (P.E. grade)	学业成绩 (academic performance)	形象 (appearance)	其他才艺 (other talent)	影响力 (influence)
13	0	1	0	0	1	1	1	1
14	1	0	1	1	1	1	0	1
15	0	1	1	1	1	0	1	1
16	0	1	0	1	1	0	1	0
17	1	0	0	1	0	0	0	0
18	0	1	1	0	0	1	1	1
19	1	1	1	0	1	0	1	1
20	1	1	1	0	1	0	1	1
21	1	0	0	1	0	0	0	0
22	0	1	1	0	0	1	1	0
23	1	1	0	0	0	0	1	0
24	1	1	0	0	1	0	1	0

反之 X 则不能被看作 Y 的必要条件。测量 X 对 Y 的覆盖度，则是考察 X 在多大程度上能够解释结果 Y，覆盖度从 0 到 1 不等，越接近 1 越说明 X 对 Y 的解释能力越高，计算公式为 $Coverage(X_i \leq Y_i) = \sum [\min(X_i, Y_i)] / \sum (Y_i)$。

在本研究中，解释变量有性别（gender）、职务（duty）、社会网络关系（relationship）、体育成绩（P. E. grade）、学业成绩（academic performance）、形象（appearance）、其他才艺（other talent）共 7 项，对单个变量是否能促成"影响力强"这一结果进行必要性分析后发现，除了职务（duty）变量，其余 6 个解释变量的一致性均小于 0.9（如表 6-4 所示）。由此可见，职务（duty）是"影响力强"的必要条件，故将其排除（如表 6-5 所示）。

表 6-4　一致性和覆盖率计算结果

解释变量	一致性 （consistency）	覆盖率 （coverage）
性别（gender）	0.583 333	0.437 500
职务（duty）	0.916 667	0.578 947
社会网络关系（relationship）	0.750 000	0.750 000
体育成绩（P.E. grade）	0.416 667	0.454 545
学业成绩（academic performance）	0.750 000	0.692 308
形象（appearance）	0.333 333	0.500 000
其他才艺（other talent）	0.666 667	0.470 588

6.2.3　清晰集定性比较分析结论

在 QCA 设计中，无论原因条件还是结果条件的赋值，都遵循布尔代数算法最基础的 0/1 划分，这时，导致结果发生的各原因条件形成的集合和结果条件的集合存在明显的对应关系，称之为一种清晰集状态。本研究中，7 个解释变量以及结果变量均遵循明确的 0/1 二元划分，属清晰集状态。将表 6-5 中的数据重新输入 fsQCA3.0 分析软件进行计算，获得的结果如表 6-6 所示。

由以上分析数据可知，使观念引领者达到"影响力强"这一层级的有四种变量的组合：

gender * relationship * ‾P.E. grade * academic performance * other talent（0.25）

gender * relationship * P.E. grade * academic performance * ‾other talent（0.166 667）

‾gender * relationship * P.E. grade * academic performance * ‾appearance（0.166 667）

‾gender * ‾relationship * ‾P.E. grade * academic performance * ‾appearance * ‾other talent（0.083 333 3）

即：

男生*社会网络关系强*体育成绩一般*学习成绩好*有其他才艺

男生*社会网络关系强*体育成绩好*学习成绩好*无其他才艺

女生*社会网络关系强*体育成绩好*学习成绩好*形象一般

女生*社会网络关系一般*体育成绩一般*学习成绩好*形象一般*无其他才艺

表 6-5 调整后的各样本变量组合真值表

样本序号 sample	性别 gender	社会网络关系 relationship	运动成绩 P.E. grade	学业成绩 academic performance	形象 appearance	其他才艺 other talent	影响力 influence
1	1	1	1	1	0	0	1
2	1	1	1	0	0	1	0
3	0	0	0	0	1	1	0
4	1	1	0	0	1	1	0
5	1	0	0	1	1	0	0
6	1	1	1	0	0	1	1
7	0	1	1	1	0	0	1
8	0	0	0	1	0	0	1
9	1	0	1	0	0	1	0
10	1	0	1	0	0	1	0
11	1	1	0	1	1	1	1
12	1	0	0	0	0	1	1

续表

样本序号 sample	性别 gender	社会网络关系 relationship	运动成绩 P.E. grade	学业成绩 academic performance	形象 appearance	其他才艺 other talent	影响力 influence
13	0	0	0	1	1	1	1
14	1	1	1	1	1	0	1
15	0	1	1	1	0	1	1
16	0	0	1	1	0	1	0
17	1	0	1	0	0	0	0
18	0	1	0	1	1	1	1
19	1	1	0	1	0	1	1
20	1	1	0	1	0	1	1
21	1	0	1	0	0	0	0
22	0	1	0	0	1	0	0
23	1	0	0	0	0	1	0
24	1	0	0	1	0	1	0

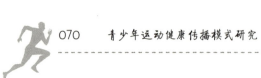

表 6-6 定性比较分析计算结果

条件组合	原覆盖率（raw coverage）	净覆盖率（unique coverage）	一致性（Consistency）
gender*relationship*⁻P.E. grade*academic performance* other talent	0.25	0.25	1
gender*relationship*P.E. grade*academic performance *⁻ other talent	0.166 667	0.166 667	1
⁻gender*relationship*P.E. grade* academic performance *⁻appearance	0.166 667	0.166 667	1
⁻gender*⁻relationship*⁻P.E. grade*academic performance *⁻appearance*⁻ other talent	0.083 333 3	0.083 333 3	1
⁻gender*duty*relationship*⁻P.E.grade*⁻academic performance *appearance*other talent	0.083 333 3	0.083 333 3	1
⁻gender*duty*⁻relationship* P.E. grade*academic performance *appearance*other talent	0.083 333 3	0.083 333 3	1
gender*⁻duty*relationship*P.E.grade*academic performance* appearance*⁻ other talent	0.083 333 3	0.083 333 3	1

　　据此，结合"职务为班干部"这一必要条件，本研究获得导致"观念引领者影响力强"的四种条件组合，也是观念引领者的四种类型特征画像：

　　组合类型 1：男生*社会网络关系强*学习成绩好*有其他才能*班干部

　　组合类型 2：男生*社会网络关系强*体育成绩好*学习成绩好*班干部

　　组合类型 3：女生*社会网络关系强*体育成绩好*学习成绩好*班干部

　　组合类型 4：女生*学习成绩好*班干部

6.3　第四阶段实验结果

　　本研究阶段的因变量为观念引领者对青少年运动态度以及运动行为的影响力，自变量为观念引领者类型。一种观念引领者类型对应一个实验组（即此观念引领者所在班级），四种观念引领者类型对应四个实验组，观念引领者类型编号与实验组编号一致（如表 6-7 所示）。各个实验组分别进行了四个阶段的实验，在各实验阶段分别观察因变量与自变量之间的相关性，并进行数据比较。

表 6-7　实验组编号

观念引领者类型	对应实验组编号
组合类型 1	实验组 1
组合类型 2	实验组 2
组合类型 3	实验组 3
组合类型 4	实验组 4

6.3.1　注意过程实验结果

注意过程是社会学习过程的起始阶段。本研究将注意过程中观念引领者的"影响力"操作化为观察者对示范者行动的注意，即观察者注意到某种示范行为的存在并在一段时间内相对持续地观察了它。4个实验组在本阶段的实验数据有较大差异，其中实验组1注意到该组观念引领者的行为的人数最多，为33人；其次为实验组4，为30人；随后是实验组3，为25人；最后为实验组2，为18人（如图6-1所示）。

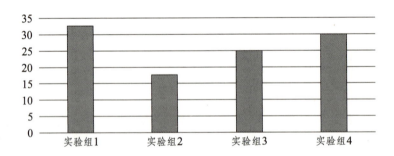

图 6-1　注意过程各实验组注意人数比较

在实验组1注意到观念引领者行为的33人中，有20人表示引起他们注意的原因是跟该实验对象关系较密切，有5人表示是因为该实验对象学业成绩好，有4人表示是因为该实验对象是班干部，有2人表示是由于该实验对象所做的运动比较新奇，有1人表示是因为该实验对象体育成绩好，还有1人表示是因为该实验对象形象好。排除运动项目变量指标，获得结果如图6-2所示。

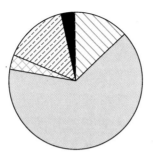

◨性别	◪职务	□社会网络关系	▨体育成绩
◨学业成绩	■形象	⊞其他才艺	

图 6-2　注意过程中观念引领者各构成要素选项占比

6.3.2　保持过程实验结果

保持过程是社会学习过程的第二阶段。本研究将保持过程中观念引领者的"影响力"操作化为观察者能够相对准确地口头描述示范者行为，即示范者行为已对观察者（学习者）构成符号化记忆。4 个实验组在本阶段的实验数据如下：实验组 2 能够保持记忆该实验组观念引领者的行为的人数最多，为 39 人；其次是实验组 1，有 32 人；再次是实验组 3，有 25 人；最后是实验组 4，有 10 人（如图 6-3 所示）。

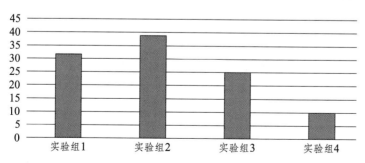

图 6-3　保持过程各实验组保持记忆人数比较

在实验组 2 能够保持记忆观念引领者行为的 39 人中，有 5 人表示能保持记忆的原因是该实验对象所做的运动比较新奇，有 10 人表示是因为该实验对象体育成绩好，有 8 人表示是因为该实验对象学业成绩好，另有 8 人表示是因为该实验对象是班干部，还有 2 人表示是因为该实验对象在同学中人缘较好，有 1 人表示是因为该实验对象形象好。排除运动项目变量指标，获得结果如图 6-4 所示。

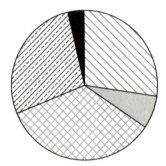

图 6-4　保持过程中观念引领者各构成要素选项占比

6.3.3　运动再生过程实验结果

运动再生过程是社会学习过程的第三阶段。本研究将运动再生过程中观念引领者的"影响力"操作化为观察者能够在老师要求下相对准确地重复示范者行为，即把记忆中的符号和表象转换成适当的行为。4 个实验组在本阶段的实验数据如下：实验组 2 能够再现该实验组观念引领者的行为的人数最多，为 41 人；其他 3 个实验组能够再现行为的人数比较接近，实验组 3 有 31 人；实验组 1 有 30 人；实验组 4 有 28 人（如图 6-5 所示）。

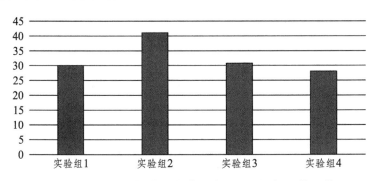

图 6-5　运动再生过程各实验组再现行为人数比较

在实验组 2 能够再现观念引领者行为的 41 人中，有 16 人表示主要是因为该实验对象体育成绩好，有 5 人表示是因为该实验对象学业成绩好，有 5 人表示是因为该实验对象社会网络关系好，有 2 人表示是因为该实验对象是班干部，有 11 人表示是因为该运动项目有趣，有 2 人表示是因为该实验对象形象好。排除运动项目变量指标，获得结果如图 6-6 所示。

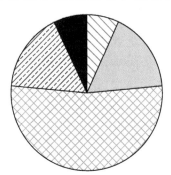

📐性别　🔲职务　🔲社会网络关系　🔲体育成绩
📐学业成绩　■形象　🔲其他才艺

图 6-6　运动再生过程中观念引领者各构成要素选项占比

6.3.4 动机过程实验结果

　　动机过程是社会学习过程的最后一个阶段。本研究将动机过程中观念引领者的"影响力"操作化为观察者能够在课间时段自觉重复示范者行为，即观察者能够经常表现出示范行为。4 个实验组在本阶段过程的实验数据如下：实验组 1 持续重复观念引领者行为的人数最多，有 16 人；其次为实验组 4，有 10 人；随后是实验组 2，有 7 人；最后为实验组 3，有 5 人（如图 6-7 所示）。

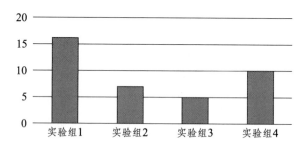

图 6-7　动机过程各实验组持续实践人数比较

　　在实验组 1 持续重复观念引领者行为的 16 人中，有 6 人表示是因为该实验对象是班干部，有 2 人表示主要是因为跟该实验对象关系好，有 4 人表示是因为该实验对象体育成绩好，有 2 人表示是因为该实验对象所从事的运动比较有趣，有 1 人表示是因为该实验对象有其他才艺，有 1 人表示是因为该实验对象形象好。排除运动项目变量指标，获得结果如图 6-8 所示。

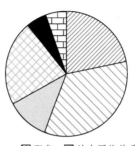

☑性别　☑职务　☐社会网络关系　☐体育成绩
■学业成绩　■形象　☐其他才艺

图 6-8　动机过程中观念引领者各构成要素选项占比

6.4　观念引领者类型构成各要素与其影响力的相关性分析

6.4.1　注意过程中观念引领者类型构成要素与影响力的相关性分析

这一过程的实验数据显示，通过观念引领者课间人际传播，开始注意观念引领者行为的人数最多的是实验组 1。对实验组 1 进行"什么原因促使你注意到某同学的行为"的调查，回答"因为跟该同学关系好"的人数占比最高，其次是回答"因为该同学学习成绩好"的人数比例。如表 6-8 所示，对实验组 1 来说，七种属性的相关系数值最高的是"社会网络关系"属性，其次为"学业成绩"属性。同时，对比实验组 2、实验组 3 和实验组 4，七种属性的相关系数值最高的也同样为"社会网络关系"属性，其次分别为"体育成绩""职务"等属性。从相关性分析中可以看到，在注意过程阶段，观念引领者属性构成诸要素中，"社会网络关系"属性与观念引领者影响力强弱最为相关。

表6-8　注意过程各属性列联表及相关性（｜r｜值）

组别	职务	性别	社会网络关系	体育成绩	学业成绩	形象	其他才艺
实验组1	4(0.12)	0(0)	20(0.64)	1(0.03)	5(0.16)	1(0.03)	0(0)
实验组2	1(0.05)	0(0)	8(0.44)	3(0.16)	2(0.11)	3(0.16)	1(0.05)
实验组3	5(0.18)	2(0.07)	13(0.48)	2(0.07)	5(0.18)	0(0)	0(0)
实验组4	6(0.2)	0(0)	18(0.6)	1(0.03)	3(0.1)	2(0.06)	0(0)

注：表内括号外数据为选择因该属性而注意到观念引领者行为的实测人数，括号内数据为相关系数｜r｜值。

6.4.2　保持过程中观念引领者类型构成要素与影响力的相关性分析

这一过程的实验数据显示，在行为示范者不再出现的情况下，能够口头描述示范者行为的人数最多的是实验组 2。对实验组 2 的观察者进行"什么原因促使你仍然记得某同学的行为"的调查，回答"因为该同学体育成绩好"的人数占比最高，其次是回答"因为该同学学业成绩好"的人数占比。如表 6-9 所示，对实验组 2 来说，七种属性的相关系数值最高的是"体育成绩"属性，其次是"学业成绩"属性；与此同时，作为对比组的实验组如组 1、组 3，七种属性的相关系数值最高的也同样为"体育成绩"属性，其次分别为"社会网络关系""职务"等属性。从相关性分析中可以看到，在保持过程阶段，观念引领者属性构成诸要素中，"体育成绩"属性与观念引领者影响力强弱最为相关。

表 6-9   保持过程各属性列联表及相关性（|r|值）

组别	职务	性别	社会网络关系	体育成绩	学业成绩	形象	其他才艺
实验组 1	8(0.25)	1(0.03)	8(0.25)	8(0.25)	5(0.15)	2(0.06)	0(0)
实验组 2	8(0.23)	5(0.15)	2(0.06)	10(0.29)	8(0.23)	1(0.03)	0(0)
实验组 3	3(0.12)	0(0)	5(0.2)	15(0.6)	2(0.08)	0(0)	0(0)
实验组 4	10(0.5)	0(0)	5(0.25)	1(0.05)	2(0.1)	0(0)	2(0.1)

注：表内括号外数据为选择因该属性而注意到观念引领者行为的实测人数，括号内数据为相关系数|r|值。

6.4.3   运动再生过程中观念引领者类型构成要素与影响力的相关性分析

这一过程的实验数据显示，在行为示范者不出现的情况下，能够重复示范者行为的人数最多的是实验组 2。实验组 2 的观察者被要求回答"什么原因促使你能够重复某同学的行为"的问题，回答"因为该同学体育成绩好"的人数占比最高，其次是回答"因为该同学学业成绩好""关系好"的人数占比。如表 6-10 所示，对实验组 2 来说，七种属性的相关系数值最高的是"体育成绩"属性，其次为"学业成绩""社会网络关系"属性。与此同时，作为对比组的实验组如组 1、组 3，七种属性的相关系数值最高的也同样为"体育成绩"属性，其次分别为"学业成绩""社会网络关系"等属性。从相关性分析中可以看到，在运动再生过程阶段，观念引领者属性构成诸要素中，"体育成绩"属性依然与观念引领者影响力强弱最为相关。

表 6-10　运动再生过程各属性列联表及相关性（|r|值）

组别	职务	性别	社会网络关系	体育成绩	学业成绩	形象	其他才艺
实验组 1	3(0.12)	0(0)	5(0.2)	8(0.32)	8(0.32)	0(0)	1(0.04)
实验组 2	2(0.06)	0(0)	5(0.17)	16(0.53)	5(0.17)	2(0.06)	0(0)
实验组 3	3(0.14)	0(0)	3(0.14)	11(0.52)	2(0.1)	2(0.1)	0(0)
实验组 4	5(0.28)	2(0.11)	4(0.22)	1(0.06)	5(0.28)	1(0.06)	0(0)

注：表内括号外数据为选择因该属性而注意到观念引领者行为的实测人数，括号内数据为相关系数|r|值。

6.4.4　动机过程中观念引领者类型构成要素与影响力的相关性分析

这一过程的实验数据显示，在行为示范者不出现的情况下，能够自觉重复示范者行为的人数最多的是实验组 1。实验组 1 的观察者被要求回答"什么原因促使你愿意重复某同学的行为"的问题，回答"因为跟该同学关系好"的人数占比最高，其次是回答"因为该同学体育成绩好"的人数占比。如表 6-11 所示，对实验组 1 来说，七种属性的相关系数值最高的是"社会网络关系"属性，其次为"体育成绩"属性。

与此同时，作为对比组的实验组 2、实验组 3、实验组 4，七种属性的相关系数值最高的也同样为"社会网络关系"属性，其次分别为"体育成绩""学业成绩"等属性。从相关性分析数据可以看到，在动机过程阶段，观念引领者属性构成诸要素中，"社会网络关系"属性与观念引领者影响力强弱最为相关。

表 6-11　动机过程各属性列联表及相关性（｜r｜值）

组别	职务	性别	社会网络关系	体育成绩	学业成绩	形象	其他才艺
实验组 1	2(0.13)	0(0)	6(0.37)	4(0.25)	2(0.13)	1(0.06)	1(0.06)
实验组 2	2(0.2)	0(0)	4(0.4)	2(0.2)	2(0.2)	0(0)	0(0)
实验组 3	0(0)	0(0)	3(0.42)	3(0.42)	1(0.14)	0(0)	0(0)
实验组 4	0(0)	0(0)	4(0.8)	0(0.4)	0(0.1)	1(0.2)	0(0)

注：表内括号外数据为选择因该属性而注意到观念引领者行为的实测人数，括号内数据为相关系数｜r｜值。

7 针对创新采纳者自我意识与扩散效果的进一步数据分析

"游戏是儿童的天性",体育游戏对少年儿童身心发展能够起到积极作用已经成为共识。本研究旨在通过三个月的持续追踪、实验调查,分析体育游戏对少年儿童自我意识发展的具体影响,探讨教育工作者应如何充分利用学生在校期间的课下时间,通过引导、推动学生与学生之间的人际交流,开展一些有趣新颖的创新体育运动或者体育游戏,唤起他们的运动兴趣,充分发挥体育游戏在少年儿童自我意识发展中的积极作用。

7.1 儿童自我意识总分及各维度得分的比较分析

实验组在焦虑、合群、幸福与满足三个分量表的得分分别为 10.17,9.16,8.30(如表 7-1 所示)。这样的结果高于对照组,但无显著性差异。反映出实验组在情绪和人际关系、满足感上略优于对照组。在智力与学校情况、躯体外貌与属性以及行为的控制上得分分别为 11.85,8.43,13.67,低于对照组,且两组在躯体外貌与属性上具有显著性差异($P=0.016$)。反映出在儿童时期,自我意识的发展是一个比较复杂的过程,本实验中的干预因素——体育游戏,仅在某些维度上表现出一定的促进作用。

7.2 实验组和对照组在性别上的对比分析

实验数据显示(如表 7-1):实验组男童总分(58.38)低

于对照组男童总分（60.74），实验组女童总分（62.47）高于
对照组女童总分（61.65）。实验组男童的焦虑得分（10.40）、
幸福与满足得分（8.23）高于对照组，实验组女童在除行为
外的所有子维度上得分都高于对照组，这可以反映出体育游
戏对女童自我意识发展的促进作用较男童更为显著。

实验组中，男童除焦虑维度均值高于女童外，其余子维
度均值及总分均低于女童，并在躯体外貌与属性和合群两个
维度上具有显著性差异。显示出实验组女童在自我意识发展
上优于男童。年龄与各子维度均值、总分呈反比，符合儿童
自我意识发展的特点。

7.3   实验组和对照组在不同年龄层次的对比分析

在实验组和对照组中，都呈现出一个共同的现象：儿童
年龄越大，自我意识的总分及各维度的得分越高，这显示出
儿童自我意识的发展与年龄增长基本同步，符合自我意识的
发展规律。

在同龄人之间对比（如表 7-2），8 岁～10 岁组中，对照
组的总得分均优于实验组，但在 11 岁及以上组中，实验组的总
得分均高于对照组，并在行为和总分上具有显著性差异（$P_{行为}$
=0.021，$P_{总分}$=0.042）。这可能提示研究者，体育游戏对儿童
自我意识的发展在不同的年龄阶段的效果具有差异性。

表 7-1 实验组性别上的对比分析

性别		智力与学校情况	躯体外貌与属性	行为	焦虑	合群	幸福与满足	总分
男	均值	11.191 5	7.723 4	13.446 8	10.404 3	8.744 7	8.234 0	58.383 0
	标准差	3.756 95	3.493 49	2.780 43	2.723 96	2.269 53	1.771 92	12.273 25
女	均值	12.764 7	9.411 8	14.000 0	9.852 9	9.735 3	8.411 8	62.470 6
	标准差	3.219 81	2.244 42	2.059 71	2.945 28	1.814 23	1.328 42	9.560 76
总计	均值	11.851 9	8.432 1	13.679 0	10.172 8	9.160 5	8.308 6	60.098 8
	标准差	3.605 94	3.130 25	2.504 13	2.814 21	2.135 75	1.594 07	11.333 14
显著性检验		0.052	0.016	0.330	0.388	0.039	0.623	0.110

注：参与调查的男童有 47 人，女童有 34 人。

表7-2　实验组与对照组在不同年龄层次的对比

年龄		行为		智力与学校情况		躯体外貌与属性		焦虑		合群		幸福与满足		总分	
		实验组	对照组	实验组	对照组	实验组	对照组	实验组	对照组	实验组	对照组	实验组	对照组	实验组	对照组
8岁	均值	12.43	12.75	10.43	10.75	8.14	6.88	9.43	9.13	7.57	8.38	7.71	7.63	54.71	55.25
	N	7.00	8.00	7.00	8.00	7.00	8.00	7.00	8.00	7.00	8.00	7.00	8.00	7.00	8.00
	标准差	2.44	1.83	2.99	3.92	2.04	3.00	2.57	2.90	2.51	2.26	1.60	1.30	9.57	9.22
9岁	均值	12.47	13.27	11.33	12.41	7.53	9.27	9.80	9.45	8.87	9.00	8.00	8.36	56.53	60.95
	N	15.00	22.00	15.00	22.00	15.00	22.00	15.0	22.00	15.00	22.00	15.00	22.00	15.00	22.00
	标准差	3.64	2.14	3.64	2.82	3.34	2.57	3.17	3.13	2.03	2.02	2.10	1.36	12.89	9.62
10岁	均值	13.78	14.31	11.42	13.25	8.28	9.38	9.89	10.31	9.03	9.75	8.22	8.06	59.25	63.50
	N	36.00	16.00	36.00	16.00	36.00	16.00	36.00	16.00	36.00	16.00	36.00	16.00	36.00	16.00
	标准差	2.11	1.74	3.54	2.41	3.22	2.42	2.81	2.24	2.14	1.13	1.57	1.48	10.58	6.57
11岁	均值	14.64	14.27	13.32	13.12	9.41	9.12	11.09	9.94	10.05	9.00	8.86	8.36	65.41	62.36
	N	22.00	33.00	22.00	33.00	22.00	33.00	22.00	33.00	22.00	33.00	22.00	33.00	22.00	33.00
	标准差	1.76	1.86	3.71	2.57	3.13	2.32	2.67	2.69	1.84	1.79	1.17	0.93	10.74	7.80
12岁	均值	16.00	11.00	13.00	11.00	8.00	7.00	11.00	8.33	10.00	9.00	8.00	6.33	65.00	53.33
	N	1.00	3.00	1.00	3.00	1.00	3.00	1.00	3.00	1.00	3.00	1.00	3.00	1.00	3.00
	标准差	—	7.00	—	2.65	—	2.65	—	2.89	—	1.00	—	2.08	—	8.62

注：表中 N 表示各年龄层次中两组的人数。

7.4 创新采纳者变量与其他变量的相关性分析

7.4.1 与体育游戏的项目特点有关

体育游戏集趣味性和健身性于一体。体育游戏还是一种参加者可以自由选择的活动，没有任何外部的压制。因此，参加者能轻松、自由、平等地参加活动，他们活跃的心理状态会发挥积极作用，在自由表现的状态下，参加者会把注意力集中于活动过程的乐趣上，从而拥有轻松愉快的心境。体育游戏过程中的随机性和偶然性，会使游戏参加者产生浓厚的兴趣和出乎预料的愉快感受，满足人们情绪、情感上的需求。因此，儿童参与体育游戏，对其人际关系的建立、情绪的改善和满足感的产生都有明显的效益。但因为是自由参与，在给儿童带来快乐的同时，对儿童行为的约束力要求不高，所以体育游戏在儿童行为因子上没有显著的改变效果。

与要求运动员在比赛中争取完成高难度的精彩动作，并同时着力展示运动美、人体美的难美类项目相比，体育游戏并不强调对儿童躯体外貌的展示。因此，体育游戏在儿童躯体外貌与属性因子上的改善不明显。

7.4.2 与体育游戏开展的时间和强度有关

在课间开展体育游戏，每次的运动时间和运动强度相对较低。在文献研究中，李琳等研究者在其《不同运动项目对中学生人格和自我意识的干预研究》一文中，研究了不同运动项目对自我意识的影响。他们对被试者进行了 12 周中等强度的训练，结果显示，健美操对自我意识总分、智力与学校情况因子和躯体外貌与属性因子有显著影响，能够提高中学预备年级学生的自我意识水平；羽毛球则对自我意识总分及各因子的影响不大。而李焕玉等研究者在其《运动与非运动群体肥胖中小学生自我认识水平与特点的研究》一文中，认为北京市的肥胖中小学生中，运动群体对自己的学业、外貌、人际关系和运动能力的满意度以及总体自我认知、评价水平明显高于非运动群体。因此，要提高体育游戏对儿童自我意识发展的促进作用，需对体育游戏的项目选择和运动强度进一步地深入研究。

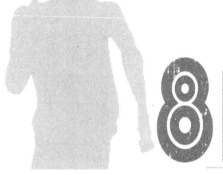

8 媒介的"青少年运动态度唤醒"机制调查

近年来，电视媒体陆续推出了一批运动竞技类综艺节目，其中一些节目引发舆论广泛关注和推荐，例如《奔跑吧兄弟》《来吧冠军》《绿茵继承者》《中国星跳跃》《真正男子汉》等，这些节目一经播出，即获得较高收视率、点击率，都获得了电视观众和网络用户，尤其在青少年群体中倍受追捧，被行业冠以现象级之名。笔者针对该类体育综艺节目进行了网络受众问卷调查和深度访谈，调查对象年龄分布为 12~22 岁，性别不限，发出问卷 600 份，回收有效问卷 489 份。在调查和访谈过程中，笔者注意到以下一些现象。

首先，有 44%受访者提到，自己之前并没有对体育竞技游戏或某种体育竞技项目有的特别喜好和收视需要，但在收看浏览该类节目过程中，逐渐增加了对该项体育运动项目的关注，甚至建立起一定兴趣。从传播学"使用与满足"这一经典理论出发，受众接触媒介往往存在特定需求或动机，在其媒介使用和消费过程中，这些需求和动机会是否能够得以满足，以及多大程度上被满足是决定受众选择倾向的重要因素之一。但是在本研究中，受众显然在接触媒介（或节目）之前并未抱有明确需求或者动机，而是在接受和消费过程中被唤起了某种情愫。

其次，前文 44%受访者中，有 62%的受访者表示，他们仅仅在第一次短时间收看之后即喜欢上此类节目，并且表示会继续关注该类节目的后续播出内容。根据传播学"涵化理论"，传播媒介可以通过长时间的内容传播，潜移默化地影响受众对事物的认知，进而影响其态度。但笔者注意到，本研究中受众对运动类综艺节目的接收和接受并不是长期的、潜移默化的培养过程，而是短时间甚至几分钟内突然产生效果，仿佛受众意识中潜藏的某些感知被突然唤醒，继而获得一种强烈的情感体验。

针对这些问题，本研究尝试运用传播学相关理论分析受众行为及心理特征，以期为这些问题寻找合理的解释。

8.1　媒介对青少年运动认知需求的"唤醒"机制

心理学将需求定义为"个体在生活中感到某种欠缺而力求获得满足的一种内心状态，他是机体本身或外部生活条件的要求在脑中的反映。"心理学认为，需要是行为产生的最根本心理基础。使用与满足理论倡导者卡茨将受众需求归纳为5大类，包括认知需要、情感需要、个人整合需要、社会整合需要以及疏解压力需要。其中情感需要主要指向情绪的、愉悦的或美感的体验。需求的产生既与受众个体心理因素相关，也与外部社会历史环境相关。本研究中，就个体心理因素而言，个体本能的审美意识和情感需要是引发其媒介行为的内在心理基础。

但本研究发现，这种内在本能心理或者说审美需要对于不同个体，其存在状态并不一样。对一部分个体而言是明确意识到并希望实现的需要，心理学将其称为"愿望"，这种需求可以直接引起动机并产生行为；但对另一部分个体而言，这种审美需求只是一种模糊意识到的、未分化的需要，就仿佛沉浸其中而不自知，心理学上将其称为"意向"，这种意向性需求不能引发动机。根据行为主义心理学观点，这种需要（意向）必须借助外部的刺激（诱因）才可能被激活，进而产生反应。在这里，外部刺激包括主要三个层面，一是宏观层面社会环境的刺激，例如当下社会对体育精神及运动健康意识的宣传；二是中观层面社会群体对个体产生的影响，例如学校；三是微观层面媒介体育综艺类节目自身的影响。正是依赖这三个层面的外部刺激，行为主体——青少年的潜在情感需求开始被唤醒，这其中微观层面的审美对象——节目的出现，是唤醒受众审美需求的最直接外部诱因。

8.2　媒介对青少年运动情感动机的"唤醒"机制

需求是行为的最根本心理基础，而"动机是推动人进行活动的内部动因或动力"。行为心理学将动机分为三类，一是采取行动之前的动机（预期动机）；二是行为过程中的动机（导向动机）；三是行动结束后的动机（维持动机）。这三类动机存在时间维度上的内在逻辑性，构成一个时间维度上的动机系统。这一动机系统内部各个动机之间处于相互作用、不断转化之中。

在本研究中，部分受众在媒介使用前的情感需要是一种潜在"意向"，这种"意向性"需求并不能够引起动机，必须借助外部条件（诱因）的刺激，这一点前文已经论述。在这一阶段，媒体多渠道、多样化的市场营销内容，成为唤醒受众需求的主要外部诱因之一。需求被激活之后引发的动机为预期动机，具体表现为收看意愿和审美期待。从调查数据可以看到，被调查受众接触该类节目之前，其收看此类节目的意愿并不强烈，由此可以推论，媒介在这一阶段的营销唤醒效果一般。

进入第二阶段媒介使用过程之后，媒体所提供的产品的形式美感，例如舞美、包装、演员形象等，以及内容美感，例如画面节奏、竞赛激烈性本身所具有的感染力、节目中主持人以及客串嘉宾对体育精神的主题挖掘等，成为唤醒受众需求的双重外部诱因。需求被激活之后所引发的动机为导向动机，这一阶段，受众动机发生转化，由之前的收看意愿和审美期待转化为持续收看节目的意愿和获得更好审美体验的愿望。受众调查数据显示，受众在媒介使用过程中的持续收看意愿强烈，审美体验满意度高，由此可以推论，媒介在这一阶段的唤醒效果明显。

进入第三阶段，媒介使用结束后，媒体产品所具有的内容美感成为唤醒受众需求的主要外部诱因，同时社会以及群体影响力重新显现。需求被激活之后所引发的动机为维持动机，这一阶段受众动机再次发生转化，由之前持续收看和获得更好审美体验的愿望，转化为再次收看节目和尝试体验的意愿。受众调查显示，受众媒介产品使用后的再次收看意愿强烈，但对提升运动能力所抱有的期望值不高。由此可以推论，媒介在这一阶段的唤醒效果较第二阶段有所减弱。

8.3 媒介对青少年运动态度的"唤醒"机制

"行为组合理论"认为,受众有无数的行为特征储存于记忆当中,人的思想和显性行为由行为特征组合而成。行为特征只有在其与我们正在进行的活动有关联时才会被激活,被激起的单个行为特征的活力很快会消退。当一种行为特征被激活后,组合就开始生效,当两个及以上的互补行为特征彼此契合时,组合行为就出现了。当抽象的行为特征与低层次、活动代码的行为特征结合,就会出现在显性行为中。

受众模糊的、未分化的需求通过外部诱因的刺激被唤醒,进而引起动机,在动机推动之下进一步采取行动。本研究发现,受众由动机所引发的行为同样可以区分为三种类型。

第一类为接触行为。接触行为是指受众被动寻找、收看相关内容的行为,其特点在于被动性以及不稳定性。在本研究中,受众在社会、群体以及媒介对产品的自我营销的三重外部诱因刺激之下,被激活潜在审美需要并产生收看节目动机,虽然该动机并不强烈,但依然引起受众收看该类节目的行为,该类节目的高收视率可以说明,媒介对受众接触行为的唤醒效果较为明显。

第二类为接收行为。接收行为是指受众不仅收看该节目,而且被节目吸引并较长时间保持收看状态的行为。本研究发现,媒介产品通过其包含的形式美感和内容美感进一步唤醒了受众期望获得审美体验的动机,该动机引发受众的媒介接收行为。与接触行为相比较，受众接收行为开始由被动转为主动，由不稳定转为稳定。在这一过程中，受众需求得以被较好满足。由此可见，媒介对受众接收行为的唤醒效果明显。

　　第三类为接受行为。接受行为是指受众再次收看该类型节目的行为。在这里，媒体产品所具有的内容美感（或专业性）、社会、群体三重因素成为唤醒受众需求的主要外部诱因，三重诱因之下引发受众接受行为。研究发现，与接收行为相比较，受众接受行为由主动进一步转向积极，由稳定进一步转向可持续，受众提升体育素养的意愿在接受行为中获得一定满足。图 8-1 展示了媒介"青少年运动态度唤醒"机制的理论模型。

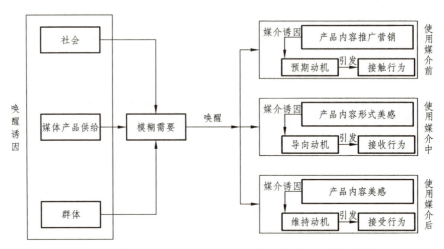

图 8-1　媒介"青少年运动态度唤醒"机制理论模型

9 针对体育真人秀节目传播影响因素的调查数据

近年来，国内出现了名目繁多的综艺类真人秀节目，但体育真人秀所占的比例并不大，据笔者统计，有三十档左右。然而，在进行样本交叉分析时发现，部分体育真人秀节目由于制作水准、嘉宾个人能力和节目定位偏差而导致收视率低下，"昙花一现"之后便匆匆收场，有的体育真人秀节目很难找到准确的播出和收视率信息。为了方便研究，本研究选择样本时进行了如下整理：

第一，样本应由中国有较高知名度和制作水准，并具有全国覆盖能力的中央和省级电视台制作，比如 CCTV5、浙江卫视、湖南卫视、安徽卫视、东方卫视等。第二，样本应由中国有较高知名度和点击量的视频网站制作播出，比如优酷、爱奇艺等。第三，要剔除内容雷同、制作粗糙且收视率较低因而提前结束的体育真人秀节目。第四，样本尽量选择能够查询到公开且真实的收视率报告以及观众评价的体育真人秀节目。

本研究通过百度搜索、豆瓣、微博热搜、优酷、爱奇艺、百度贴吧等网络平台，基于以上要求对 2009 年—2018 年共十年间播出的体育真人秀节目进行了梳理，最后选择所要研究的 21 档体育真人秀样本节目，其基本情况如表 9-1 所示，各节目收视及其他数据统计见表 9-2。其中粉丝量等动态数据统计截止日期为 2018 年 12 月 31 日。

通过对以上体育真人秀节目拉片式观看并结合传播学等相关理论，本研究确定了节目主题定位、参与者影响力、参与者类型（是否为"全明星"阵容）、涉及项目普及度、节目内容创新和趣味性、参与者个人能力、是否有奖励、传播渠道、传播策略等九个变量，并将体育真人秀的"热播"作为结果变量。

而由于以上节目分布在不同网络平台，因此是否"热播"，以节目的平均收视率或网络累计点击率作为衡量标准，平均收视率超过 1%或网络视频平台累计点击率超过 1 亿人次判定为"热播"，同时，笔者也针对每一档节目大量搜集了网络新闻报道及网友评论，以对"热播"节目内容及口碑进行更进一步了解，具体资料在此不再赘述。根据分析，以上能被判定为"热播"的节目有《男生女生向前冲》《勇者大冲关》《奔跑吧兄弟》《新舞林大会》《来吧冠军》《非凡搭档》《星球者联盟》《极速前进》《真正男子汉》《报告！教练》《这就是灌篮》《一起说奥运》《足球解说大会》《这！就是街舞》《热血街舞团》《星跳水立方》《中国星跳跃》共 17 部。

使用 QCA 对 21 档体育真人秀节目进行分析，一档体育真人秀节目想要达到热播的效果，需要具备九大要素：节目以"励志成长"为主题，"全明星"阵容或以明星导师与大众选手共同构成参与者，参与者需要具备较好的体育运动能力或专业技术水平，节目中涉及的体育运动项目有较好的知名度和较高的普及度，有大众选手参与时，对战、淘汰和奖励环节必不可少，节目内容及环节设定有创新及趣味性，有融媒体的传播渠道和策略。

研究发现，在 21 档样本节目中，由以下两种微观要素组合出的体育真人秀节目占比较大，且更容易获得热播效果：

第一类：励志成长*参与选手影响力高*"全明星"阵容*项目普及程度高*创新与趣味性*参与者个人能力强*有奖励*融媒体传播渠道及策略

表 9-1　2009—2018 年国内体育真人秀节目情况统计

序号	节目名称	制作方	播出频道	视频网站	参与人员、赛制及奖励	首播时间	播出情况
1	《舞林大会》	东方卫视	东方卫视	爱奇艺、腾讯视频、优酷等	明星选手	2006 年 10 月 6 日	2006—2012 年共制作播出五季
2	《男生女生向前冲》	安徽卫视	青海卫视、海南新闻频道、安徽卫视等	爱奇艺、PPTV 等	大众选手、海汰制、有明确奖励	2010 年 7 月 5 日	在播，第十季于 2018 年播出
3	《中国星跳跃》	浙江卫视	浙江卫视	爱奇艺、腾讯视频、优酷等	娱乐明星、淘汰赛、无奖励	2013 年 4 月 6 日	已完结
4	《星跳水立方》	江苏卫视	江苏卫视	爱奇艺、腾讯视频、乐视等	文体明星、淘汰赛、无奖励	2013 年 4 月 7 日	已完结
5	《奔跑吧兄弟》(2017 年改名为《奔跑吧》)	浙江卫视	浙江卫视	爱奇艺、腾讯视频、优酷等	娱乐明星、海汰制、无明确奖励	2014 年 10 月 10 日	在播，《奔跑吧兄弟》第四季 2016 年完结，《奔跑吧》第六季于 2018 年开播

续表

序号	节目名称	制作方	播出频道	视频网站	参与人员、赛制及奖励	首播时间	播出情况
6	《极速前进》	深圳卫视	深圳卫视	优酷、腾讯视频、爱奇艺等	娱乐明星、淘汰赛、有奖励	2014年10月17日	2014—2017年共播出四季,已完结
7	《真正男子汉》	湖南卫视、八一电影制片厂	湖南卫视	芒果TV等	娱乐明星、无淘汰、无奖励	2015年5月1日	2015—2017年共播出两季
8	《勇者大冲关》	江苏卫视、澜星传媒	江苏卫视	乐视、腾讯视频、爱奇艺等	大众选手、淘汰制、有明确奖励	2015年6月10日	2015—2016年共播出两季,已停播
9	《报告!教练》	东方卫视	东方卫视	腾讯视频等	乐明星、无淘汰、体育及娱乐奖励	2015年7月17日	已完结
10	《跟着贝尔去冒险》	东方卫视、云集将来、纪实频道、Discovery	东方卫视	爱奇艺、优酷、腾讯视频等	文体明星、无淘汰、无奖励	2015年10月16日	仅一季,已停播
11	《绿茵继承者》	浙江卫视	浙江卫视	爱奇艺、腾讯视频、中国蓝TV等	体育明星和大众选手、无淘汰、无奖励	2016年1月7日	已完结

续表

序号	节目名称	制作方	播出频道	视频网站	参与人员、赛制及奖励	首播时间	播出情况
12	《来吧冠军》	浙江卫视	浙江卫视	爱奇艺、腾讯视频、乐视等	体育明星及娱乐明星、对抗赛、无明显奖励	2016 年 4 月 3 日	2016—2017 年共播出两季，无后续播出计划
13	《非凡搭档》	江苏卫视、日月星光传媒	江苏卫视	优酷、乐视、爱奇艺等	体育明星及娱乐明星、积分赛、有奖励	2016 年 4 月 8 日	已完结
14	《星球者联盟》	乐动乐听、东方卫视	东方卫视	乐视等	体育明星及娱乐明星、无淘汰、无奖励	2016 年 7 月 22 日	已完结
15	《跨界冰雪王》	北京电视台、华策天映传媒等	北京卫视	腾讯、搜狐、爱奇艺、搜狐视频等	体育明星及娱乐明星、无淘汰、无奖励、明星导师	2017 年 1 月 7 日	已完结
16	《一起说奥运》	CCTV5	CCTV5	央视影音	明星导师及大众选手、淘汰赛、有奖励	2017 年 12 月 30 日	仅有一季，已完结

续表

序号	节目名称	制作方	播出频道	视频网站	参与人员、赛制及奖励	首播时间	播出情况
17	《这！就是街舞》	优酷、天猫等	未在卫视播出	优酷	明星导师及专业选手、淘汰赛、有奖励	2018年2月24日	第一季于2018年结束，第二季于2019年播出
18	《热血街舞团》	爱奇艺	未在卫视播出	爱奇艺	明星导师及专业选手、淘汰赛、有奖励	2018年3月17日	第一季于2018年结束，第二季于2019年播出
19	《足球解说大会》	PP体育	江苏卫视	PP体育、PPTV等	明星导师及大众选手、淘汰赛	2018年4月18日	仅有一季，已完结
20	《球球你，动出彩》	湖南卫视、中国体育彩票	未在卫视播出	芒果TV、爱奇艺、腾讯视频等	由大众选手挑战大专业运动员、对抗赛、无奖励	2018年8月8日	已完结
21	《这就是灌篮》	浙江卫视	浙江卫视	优酷、中国蓝TV等	体育和大众娱乐明星及导师、大众选手、淘汰制、有奖励	2018年8月25日	第一年末完结，2018年第二年结，2019年播出

表 9-2 21档体育真人秀节目收视情况一览表

序号	节目名称	播出收视率（最高）	微博粉丝数	百度贴吧关注数及发贴数
1	《舞林大会》	1.51%	8 万	关注：6 523 发贴：282 395
2	《男生女生向前冲》	4.711%	6 万	关注：12 546 发贴：262 464
3	《中国星跳跃》	1.952%	31 万	关注：12 415 发贴：26 362
4	《星跳水立方》	1.771%	无官方微博	关注：12 009 发贴：107 816
5	《奔跑吧兄弟》	2.58%	657 万	关注：36 599 发贴：115 558
6	《极速前进》	1.397%	85 万	关注：33 015 发贴：775 532
7	《真正男子汉》	1.301%	47 万	关注：143 086 发贴：1 432 396

续表

序号	节目名称	播出收视率（最高）	微博粉丝数	百度贴吧关注数及发贴数
8	《勇者大冲关》	—	1万	关注：242　发贴：3 069
9	《报告！教练》	1.0866%	2万	关注：984　发贴：18 245
10	《跟着贝尔去冒险》	0.542%	无官方微博	关注：16 587　发贴：201 454
11	《绿茵继承者》	0.506%	5万	关注：2 586　发贴：19 256
12	《来吧冠军》	1.391%	56万	关注：3 405　发贴：32 566
13	《非凡搭档》	1.366%	19万	关注：5 684　发贴：110 332
14	《星球者联盟》	—	11万	关注：449　发贴：5 206

续表

序号	节目名称	播出收视率（最高）	微博粉丝数	百度贴吧关注数及发贴数
15	《跨界冰雪王》	0.972%	6万	关注：356 发贴：2 913
16	《一起说奥运》	—	17万	关注：18 发贴：36
17	《这！就是街舞》	—	80万	关注：6 249 发贴：56 378
18	《热血街舞团》	—	104万	关注：3 305 发贴：36 025
19	《足球解说大会》	—	39万	关注：103 发贴：390
20	《球球你动出彩》	—	—	—
21	《这就是灌篮》	—	41万	关注：5 078 发贴：46 439

第二类：励志成长*参与者影响力高*明星导师+大众选手*项目普及程度高*创新与趣味性*参与者个人能力强*有PK与淘汰*有奖励

9.1　被调查者性别与其收视行为的关系

从问卷调查的情况来看，在被问及"你喜欢体育真人秀节目还是娱乐综艺节目"时，有 78.01% 的受访男生表示，更喜欢收看体育真人秀节目；而有 30.27% 的女生表示，更喜欢体育真人秀节目（如图 9-1 所示）。这一结果并不让人意外，毕竟在现实生活中，大部分男生相对来说更加喜欢体育运动。

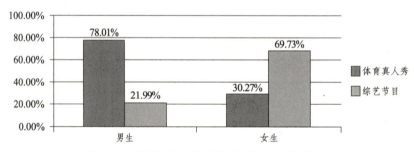

图 9-1　被调查者性别与收视行为的关系

如图 9-2 所示，男性青少年在被问及收看体育真人秀的原因时（受访者可做多项选择），对节目中的游戏或体育项目感兴趣的受访者占到 72.73%、认为节目的内容和环节很有趣的人数占到了 52.27%，此外还有 32.14% 的受访者选择"放松心情、休闲娱乐和打发时间"，另有 32.58% 的受访者选择了"有喜欢的明星"这项原因。

　　而女性青少年收看体育真人秀的目的则呈现另外一种态势：73.08%的女生收看体育真人秀的原因是"有喜欢的明星"，同时，有72.12%的女生选择了"放松心情、休闲娱乐和打发时间"，因对节目中的游戏或体育项目感兴趣而收看节目的仅占到37.08%，选择"节目的内容和很有趣"的仅占到57.08%。

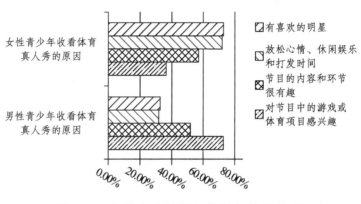

图 9-2　被调查者性别与收视行为的关系

9.2　被调查者性别与节目各特征要素的关系

　　如图 9-3 所示，男性青少年对体育真人秀各微观要素的关注程度如下：关注节目主题定位的占 80.21%，关注参与者影响力的占 84.76%，关注参与者特征的占 78.98%，关注项目普及程度的占 81.67%，关注节目内容创新与趣味性的占74.65%，关注参与者个人能力的占 86.35%，关注是否有对战与淘汰环节的占 81.23%，关注是否有奖励的占 88.36%，关注传播策略和渠道的占 40.23%。

　　女性青少年在观看体育真人秀时，对节目中各微观要素的看重程度如下：看重节目主题的占 57.32%，看重参与者影响力的占 90.87%，看重参与者特征的占 82.32%，看重项目普及程度的占 43.15%，看重节目内容创新与趣味性的占 84.32%，看重参与者个人能力的占 39.35%，看重是否有对战与淘汰环节的占 28.32%，看重是否有奖励的占 38.32%，看重着传播策略和渠道的占 34.59%。

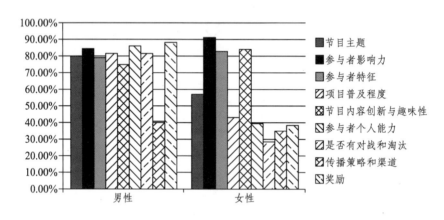

图 9-3　被调查者性别与节目各特征要素的关系

9.3　节目主题定位对不同性别青少年的影响

由明星参加的节目主题定位对青少年运动态度的影响大致调查情况如图 9-4 所示，具体来看，在问卷调查中，有 62.05%的男性青少年受访者表示喜欢收看"基本全部由明星参加的励志成长类"体育真人秀节目，喜欢的原因占比较高的是"可以看到明星作为普通人的一面"，比例为 58.18%；其次是"节目中的游戏或任务环节有意思"，占比 56.36%；还有

50.91%的受访者认为这类节目"内容轻松可以放松心情"，而因为喜欢参与节目的明星而收看的占比为 14.55%。

有 89.09%的男性青少年受访者认为，这类节目可以改变他们的体育运动态度，他们所持理由是"虽然只是简单的游戏，但也需要一定的运动能力，显然运动能力更强的更容易获胜"。其次是"节目里面的游戏或任务环节比较有趣，有吸引力"。这一结果也在一定程度上解释了"撕名牌"游戏曾经一度在中国青少年中颇为流行的原因。

在问卷调查中，73.05%的女性青少年受访者表示喜欢"基本全部由明星参加的励志成长类"节目，喜欢的原因占比较高的是"可以看到明星作为普通人的一面"，比例为 68.24%；其次是"节目中的游戏或任务环节有意思"，占比 66.46%；还有 69.91%的受访者认为这类节目"内容轻松可以放松心情"，而因为喜欢出演的明星去收看节目的人数占比高达 74.55%。有 48.15%的女性青少年受访者认为这类节目可以改变她们的体育运动态度，主要原因是"明星的个人魅力和影响力"，59.54%的受访者同时选择"节目里面的游戏或任务环节比较有趣，有吸引力"。

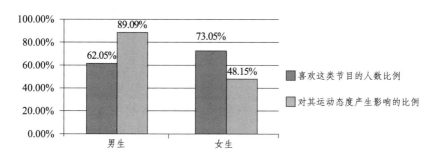

图 9-4　节目主题定位对青少年运动态度的影响

明星与大众选手共同参与的节目主题定位对青少年运动态度的影响大致调查情况如图 9-5 所示，具体来讲，在接受问卷调查的男性青少年中，有 82.75%的受访者表示喜欢明星导师和大众选手共同参与的励志成长类体育真人秀节目，原因是"大众选手让我产生了身份认同感，就像看到自己的朋友或兄弟，或者看到我自己"，还有 75.14%的受访者表示喜欢"明星导师的个人魅力"，68.18%的人选择收看这类节目是因为"喜欢节目中所涉及的运动项目"。

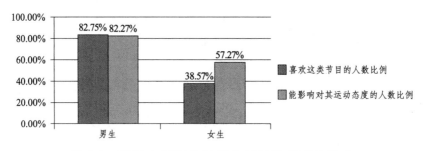

图 9-5　节目主题定位对青少年运动态度的影响

　　在收看这类节目的受访者中，有 82.27%的人认为节目可以改变自己参与体育运动的态度，有 66.67%的人觉得"明星导师很有魅力，让我喜欢上了这项运动，也吸引我提升运动技能，希望有一天能参加类似节目，接受明星导师的指导"，58.33%的人同时认为"大众选手很容易让我产生身份认同，他们也是和我一样的普通人，既然他们可以做到，那么我也可以"，47.92%的人认为"节目展示了运动的魅力，我对节目中涉及的运动项目产生了兴趣"，41.47%的受访者同时表示"看了节目，让我觉得提升运动技能很重要，这是在比赛中获胜的关键"，37.5%的受访者同时认为"大众选手在节目中展现出的成长让我产生了共鸣"。

在接受问卷调查的女性青少年中，38.57%的人表示喜欢明星导师和大众选手共同参与的励志成长类体育真人秀节目，88.18%的人表示，喜欢的原因是"明星导师的魅力"，此外，有 52.5%的受访者表示喜欢这类节目的原因是"大众选手让我产生了身份认同感"。

在收看这类节目的受访者中，有 57.27%的人认为节目可以改变自己参与体育运动的态度，有 86.67%的人表示"明星导师很有魅力，让我喜欢上了这项运动，也吸引我提升运动技能，希望有一天能参加类似节目，接受明星导师的指导"，64.32%的人同时表示"大众选手很容易让我产生身份认同，他们也是和我一样的普通人，既然他们可以做到，那么我也可以"，51.33%的人认为"节目中展示了运动的魅力，我对节目中涉及的运动项目产生了兴趣"。

9.4 明星对不同性别的青少年体育运动态度的影响

如图 9-6 所示，在问卷调查中，当男性青少年被问及更喜欢哪一类明星时，有 79.32%的受访对象选择了体育明星，选择娱乐明星的仅占到 3.41%，两者都喜欢的人数占比为 17.27%。此外，有 71.59%的受访者认为体育明星可以影响自己参加体育运动的态度，原因是体育明星的个人魅力很强，而且有更高的运动专业水平，5.68%的受访者认为自己运动态度的改变更受娱乐明星的影响，原因是"喜欢他们的个人魅

力，虽然他们的运动水平并不是特别专业"，而认为两者都有
影响的比例为 22.73%。

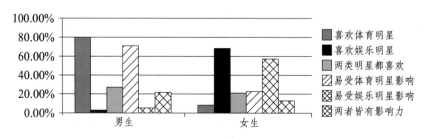

图 9-6 明星对不同性别对青少年运动态度的影响

当女性青少年被问及更喜欢哪一类明星时，有 68.91% 的
受访者选择娱乐明星，选择体育明星的为 9.08%，两者都喜
欢的占到 22.01%。此外，有 23.56% 的受访者认为体育明星可
以影响自己参加体育运动的态度，原因是体育明星的个人魅
力更强，而且有更高的运动专业水平，57.68% 的受访者认为
自己运动态度的改变更受娱乐明星的影响，原因是"喜欢他
们的个人魅力，虽然他们的运动水平并不是特别专业"，而认
为两者都有影响的比例为 13.71%。

9.5 参与者运动能力对青少年的影响

在调查中，男性青少年在被问及"观看体育真人秀是否
会关注节目参与者的运动能力"时，有 86.35% 的受访者表示
会关注，同时有 80.21% 的受访者表示这一点对其运动态度的
改变会产生影响（如图 9-7 所示），在这一部分群体中，又有
89.14% 的受访者表示，选手的优异表现对自己有吸引力是影

响自己运动态度的主要原因。

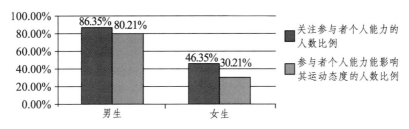

图 9-7 参与者个人能力对青青少年运动态度的影响

被访问的女性青少年中，有 46.35% 会关注参与者的个人能力，同时有 30.21% 的受访者表示这一点会对其运动态度的改变产生影响，这其中又有 75.41% 的人认为"明星或大众选手的个人魅力"是影响自己运动态度的主要原因。

9.6 节目内容要素对青少年的影响

如图 9-8 所示，74.65% 的男性青少年受访者关注体育真人秀节目的趣味与创新性，原因是这一要素使节目看起来比较有趣和轻松，同时，有 68.12% 的受访者认为这一点能够改变其运动态度。

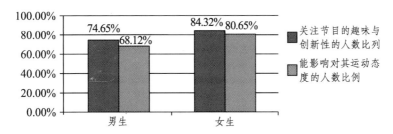

图 9-8 节目的趣味与创新性对青少年运动态度的影响

84.32%的女性青少年受访者会关注体育真人秀节目的趣味与创新性，80.65%的人认为节目的这一特点可以对其运动态度产生影响。

9.7 运动项目对青少年的影响

如图 9-9 所示，在调查中，90.91%的男性青少年受访者表示更喜欢看涉及篮球、排球、跳水和街舞等普及度较高项目的体育真人秀节目，且这部分人中有 89.25%认为观看这些节目可以影响他们的运动态度。而喜欢涉及花样滑冰、健美操等普及度不高项目的体育真人秀的人数占比仅为 9.09%，且仅有 33.68%的人认为这类节目可以吸引其参与这些项目。

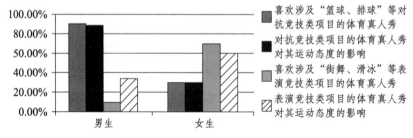

图 9-9 运动项目要素对成都青少年运动态度的影响

30.25%的女性青少年受访者表示喜欢收看涉及篮球、排球、跳水和街舞等普及度较高项目的体育真人秀节目，但仅有 29.67%的受访者表示这类节目能够改变她们运动态度。然而，喜欢涉及花样滑冰、健美操等普及度不太高项目的体育真人秀节目的人数占比达到 69.75%,且有 60.58%的人认为这类节目可以影响她们的运动态度。

9.8　节目环节设置要素对青少年的影响

在受访的男性青少年中，有 88.64%的人认为自己更喜欢有对战环节的体育真人秀，喜欢这一环节的人中，有 91.03%表示，之所以如此选择，是因为对战类体育真人秀更能体现竞技体育的特征。有 77.69%的人同时认为，"对战类体育真人秀情节更刺激、更有悬念"，72.35%的人认为"对战类体育真人秀选手水平更高，更有可看性"，同时有 48.72%的受访者还认为"对战类体育真人秀看起来更真实"。

对于对战类节目，有 92.05%的男性青少年受访者认为它可以影响自己的运动态度，究其原因，80.25%的受访者认为对战类节目对选手水平提出了更高的要求，如果自己参与类似的节目，也需要提高运动技能；而还有 48.15%的受访者认为"对战类节目更能体现体育的拼搏精神，这一点很吸引我"。

和男生相比，在接受问卷调查的女性青少年中，58.64%的受访者对是否有对战环节并不在意，仅有 37.25%的人表示节目中设置这一环节会对其运动态度产生影响。

9.9　节目奖励环节对青少年的影响

在受访的男性青少年中，86.36%的人表示喜欢有奖励机制的体育真人秀，69.74%的受访者认为"有奖励可以让选手有更好的发挥"，52.63%的人认为"有奖励能够让节目中的体育项目或环节的难度更高"，43.4%的人认为有奖励可以让选手间的对抗更激烈、更好看，同时，有79.55%的人认为有奖励的节目可以影响自己的运动态度，他们的主要观点是"节目促使自己提高运动技能，只有优秀的选手才能获奖"，持这类观点的人数占比78.57%，而45.71%的人认为"奖励很诱人，如果我通过努力，加强运动能力，也可以得到"。

在受访的女性青少年中，61.68%对节目中是否有奖励机制表示无所谓，30.98%的女生认为有奖励的体育真人秀能对其运动态度产生影响。

9.10　大众选手参与要素对青少年的影响

有54.55%的男性青少年受访者喜欢《男生女生向前冲》《勇者大冲关》这类节目，有47.92%的人同时认为"大众选手的表现可以给自己参加类似节目提供经验和参考"，有33.33%的受访者还认为"节目中的闯关环节设置很有趣"。

如图9-10所示，表示喜欢这种类型节目的男性青少年受访者，有87.51%认为节目可以影响自己参与体育运动的态度。究其原因，90.48%的受访者表示"节目中的闯关环节很有趣，自己可以通过加强运动、提升技能，以后也能参加类似比赛"，85.71%的人表示"大众选手可以让自己产生亲近感和身份认同感，感觉自己也可以参加类似的节目"，62.68%的受访者认为，"看了节目，觉得增强体育技能很重要"。

有64.55%的女性青少年受访者表示喜欢《男生女生向前冲》《勇者大冲关》这类节目，这一部分受访者中，有78.59%

的人认为节目可以影响其参与体育运动的态度。究其原因，71.34%的受访者表示"节目中的闯关环节很有趣"，有 72.11% 的人表示"大众选手可以让自己产生亲近感和身份认同感，感觉自己也可以参加类似的节目"，62.68%的受访者认为，"看了节目，觉得增强体育技能很重要"。

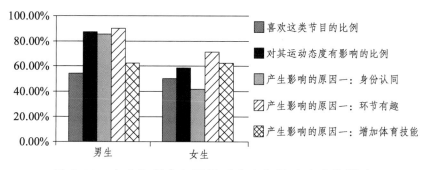

图 9-10 大众选手参与要素对青少年运动态度的影响

10

美国体育电视媒介推广大学体育赛事的数据调查

美国是目前世界上体育产业最发达的国家，除四大传统职业体育联盟：职业橄榄球大联盟（NFL）、职业棒球大联盟（MLB）、美国职业篮球联赛（NBA）及国家冰球联盟（NHL）之外，美国大学体育的市场化运作也非常成功，成为支撑美国体育产业的重要支柱之一。美国大学生体育协会（National Collegiate Athletic Association，以下简称 NCAA）自 1910 年正式更名以来，已经有超过百年的历史，目前协会共有超过 1100 所高校以及上百个联盟参与其中。NCAA 旗下依据各高校的实力分为一级联赛（Division Ⅰ），二级联赛（Division Ⅱ），三级联赛（Division Ⅲ），一级联赛是水平最高的联赛，代表了美国大学最高体育竞技水平。一级联赛下辖 300 多所大学又各自组成不同的联盟（conference），比较著名的联盟有大东联盟（Big East）、大西洋海岸联盟（ACC）、十大联盟（Big 10）、十二大联盟（Big 12）、东南联盟（SEC）、帕克十二联盟（Pac-12）以及常春藤联盟（Ivy League）等。

根据 NCAA 公布的 2015 年大学年度财报显示：美国 50 所大学体育赛事（包含门票收入、电视台和网站转播费、赞助商、广告费等）收入达到 3.04 亿美元，占当年美国核心体育产业 63.5 亿总收入的 4.8%，这其中，体育电视媒体向 NCAA 支付的转播版权费总计 7 200 万美元，占 NCAA 当年总收入的 24%，成为 NCAA 名副其实的三大"金主"之一。

美国主流体育电视媒体介入 NCAA 体育赛事主要分为两种类型，一种是在专业体育频道中播出自制大学体育节目或赛事转播，例如福克斯体育台（Fox Sports）从 2013 年至今连续 5 年播出 NCAA 足球和篮球、Big East 男子和女子篮球、Big 12 足球和女子篮球、Pac-12 足球和男子、女子篮球等各大联盟重要赛事，娱乐与体育电视网（ESPN）等美国主流体育媒体对大学体育赛事的转播和节目量几乎与职业体育比赛的播出量持平。另一种是与大学或联盟联合开办专门的大学体育频道，例如 Big Ten Network，ESPNU，CBS Sports Network，ESPN Deportes，SEC Network，Longhorn Network 等专门大学体育频道（台）以及网络频道，全天 24 小时播出大学体育赛事和节目。据不完全统计，全美专门开设的大学体育专业频道（台）有 1 000 余个，仅 CBS Sports Network 就推出了 100 多个专门用于大学体育的宽带频道。以下为六大美国主流体育电视媒体开设的部分大学体育频道。

表 10-1　美国主流体育电视媒体开设的部分大学体育频道

序号	体育媒体	类型	所有权	经营	播出方式
1	Big Ten Network	大学体育频道	福克斯公司	免费	有线、卫星
2	CBS Sports Network	大学体育频道	CBS 集团	付费	有线、卫星、网络
3	ESPNU	大学体育频道	ABC（美国广播公司）占 80%，Heasst 公司占 20%	付费	有线
4	ESPN Deportes	大学体育频道	ABC（美国广播公司）占 80%，Heasst 公司占 20%	付费	有线
5	SEC Network	大学体育频道	NCAA 东南联盟与 ESPN 共同拥有	付费	有线
6	Longhorn Network	大学体育频道	德克萨斯大学奥斯汀分校、ESPN 和 IMG 学院共同拥有	免费	网络

　　美国体育媒体对大学体育的深度介入和传播，无疑对大

学体育市场化运作起到了重要助推作用，本研究从美国体育传媒与大学体育市场化关系视角切入，关注体育电视媒体在美国大学体育产业化发展中的功能和作用，以期为中国大学体育更好地利用体育传媒促进市场化发展提供借鉴和参考。

10.1　美国体育电视媒体在大学体育赛事传播中的作用

10.1.1　体育赛事产品版权购买

美国体育电视媒体是 NCAA 赛事产品版权购买方和主要收入来源之一，NCAA 的年度总收入中，超过四分之三的收入来自媒体版权协议。媒体每年向 NCAA 购买大学体育赛事转播版权以及其他版权，如运动队、球员版权等，而赛事版权费支出常常高达每年几千万到几亿美元不等。根据普华永道对于美国体育核心产业的统计，2014 年美国体育核心产业的总收入为 605 亿美元，其中媒体版权收入 146 亿美元，占体育核心产业总收入的 24%，而获得媒体版权收入最多的就是美国的四大职业体育联盟和美国大学体育 NCAA。

从目前趋势来看，NCAA 赛事转播版权费价格正急速上涨，据美国《福布斯》杂志报道，近年来，美国大学体育协会 NCAA 每年都会获得至少 8 亿美元的转播合同。例如美国两大电视业巨头 CBS 和时代华纳向 NCAA 购买 2011—2024 年全国大学篮球锦标赛（"三月疯狂"）的电视转播版权费价格为每年 7.8 亿美元，但最近双方刚达成的 2025—2032 年媒体版权合约显示，这一价格已经上涨到每年 11 亿美元，CBS 与时代华纳为此支付了总价高达 88 亿美元的费用。向体育媒体出售 NCAA 赛事版权，已经成为 NCAA 市场化运作的重要内容之一。

10.1.2   体育赛事产品 IP 价值孵化

NCAA 共设有 23 个比赛项目，其中包含 13 个球类项目和 10 个非球类项目，分别是棒球、篮球、沙滩排球、保龄球、越野跑、击剑、曲棍球、美式足球（美式橄榄球）、高尔夫、体操、冰球、棍网球、步枪射击、赛艇、滑雪、足球、垒球、游泳和跳水、室内田径、室外田径、排球、水球、摔跤。在 13 个球类项目中，最受欢迎的项目有四类，分别是橄榄球，篮球，棒球和冰球。

美国体育电视媒体除了转播那些热门体育项目比赛，如全美篮球比赛外，也大量转播其他项目比赛，转播赛事几乎覆盖 NCAA 全部 23 个项目。例如 Big Ten Network 转播涉及 21 个项目比赛，包括棒球、男女篮球、男女越野、女子曲棍球、男女高尔夫、男女体操、女子赛艇、男子足球、男女游泳和跳水、男女网球、男女室内外田径和男子摔跤等。2017 年 2 月，Big Ten Network 又获得了转播女子冰球四强赛、女子冰球全国冠军赛的权利，为期四年。根据各大体育电视媒体转播比赛场次不完全统计，足球转播场次最多，其次为篮球、棒球，排名第三的是冰球比赛，第四是橄榄球、高尔夫，其后是摔跤、网球、赛艇、曲棍球、游泳、田径、体操、保龄球等项目。

可以看到，这其中不乏相对热度不高的比赛，如保龄球、摔跤等项目比赛。电视体育媒体对这些运动项目赛事的持续大量报道，对提升赛事知名度、创立赛事品牌，进而推动该项运动项目的普及度和热度发挥了重要作用。

10.1.3 体育赛事原产品深加工

美国体育电视媒体对大学体育赛事的报道量很大。美国NCAA 每年产生 89 个全国冠军，其中 88 项决赛面向全国观众进行电视直播。但体育电视媒体对赛事的转播绝非单纯还原现场，而是将赛事作为基本素材，进行二次深度加工，通过调动多种影像造型手段和叙事技巧，进一步提升赛事原产品品相，并最终生产出新的赛事媒介产品。以全美大学生篮球赛为例，"疯狂三月"为世界范围内电视体育消费者所认同，除了赛事本身极高的竞技水平之外，电视转播影像对比赛的包装和视觉效果强化功不可没。

全美大学生篮球赛转播机位设置最多可以达到一场比赛30 多个机位，一个摄像机位就是一个视角，30 个机位就是30 个视角，这些视角既覆盖了比赛现场的正常观看视角，也包含许多非正常视角，如篮板顶端机位、摇臂机位、运动员通道内机位、无人机航拍、VR 全景视频等。在景别符号构成中，近景和特写画面占有较多分量，这种景别画面强调对人物、情节的渲染，并且往往会运用长焦镜头将近景画面推至特写甚至大特写，增强影像文本的艺术表现力。转播中除远景机位为定画面外，其他所有镜头几乎全部都是运动镜头，提供了极富动感的视觉画面。

此外，美国体育电视媒体对体育赛事产品的深加工，还包括围绕赛事生产周边衍生媒介产品，如赛事新闻，赛事分析，赛前、赛中、赛后报道等，从体裁上包括消息、专题、演播室评论、现场连线、包装宣传片等多种电视媒介产品，从内容上又涵盖赛事背景资料、体育知识介绍、明星球员专访、现场采访报道等相关内容，形成体育赛事媒介产品矩阵。以 Longhorn Network 为例，其部分赛事媒介产品包含每周代表队新闻报道、教练分析访谈、比赛预测分析、比赛最佳时刻集锦、最佳运动员集锦及赛后表演实况转播等。

体育电视媒体对大学体育赛事产品的深加工以及衍生媒介产品开发，主观上当然是出于自身收视率的考量，但客观上却极大提升了赛事的知名度和市场影响力，进一步提升了赛事的品牌价值，包括其他体育资产如运动员个人 IP 价值，间接助推大学体育市场化运作。

10.2　美国体育媒体深度介入大学体育的行为驱动要素分析

10.2.1　广大且成熟的体育市场

美国大学包括整个美国社会对体育的追崇，根植于美国文化的深厚土壤之中。据调查，美国体育产业消费者男性与女性比例相近，男性消费者占 55.4%，年龄在 21～40 岁的占七成，29.3%的体育观众选择每月消费 5～10 次。2017 年，美国体育付费用户年 ARPPU（Average Revenue Per Paying User）值为 196.21 美元，远超电影人均年消费 63.61 美元以及游戏付费用户年 ARPPU 值 57.44 美元。

同样，以最受欢迎的流媒体订阅费用为例，体育频道 DirectNow 以及 fuboTV 月均订阅价格都在 35 美元以上，远超其他流媒体的订阅费用。据体育赛事电视收视率统计网站 Sports Media Watch 统计，在 2018 年度美国 50 场收视率最高的体育赛事前十名中有八场是 NFL 的比赛，另外两场分别是 2018 美国大学橄榄球总冠军赛和冬奥会开幕式。去年的"疯狂三月"总决赛，全美直播的收视率是 11.3%，有将近 8 万名观众到现场观看，火爆至极，上至美国总统，下至三岁孩童，都对比赛报以期盼，所在大学的当地群众、毕业校友也持续关注并积极参与。

10.2.2 优质体育资产和丰富的体育产品

美国大学最具代表性的核心体育资产包括大学生体育协会 NCAA、球队以及运动员。美国大学生体育协会负责统筹管理全国一千多所大学院校的各项运动事宜，旗下又依各校的实力分成第一、第二和第三级联赛。NCAA 一级联赛（Division Ⅰ）联赛下辖 300 多所大学体育联盟会精心安排比赛日期，错开排赛，使得一年 52 周，每周有热点，一年 365 天，每天有比赛。丰富的产品矩阵，为美国付费体育赛事直播产业提供了坚实的内容基础。表 10-2 是 NCAA2018 年各级别比赛安排。

表 10-2　2018 年 NCAA 各级别比赛安排

项目	赛季	D1、D2、D3 三个级别项目开设学校
棒球	2 月—6 月	共有 950 所学校有男子棒球项目，棒球没有开设女子项目
篮球	11 月—次年 3 月	共有 1 089 所学校有男子篮球项目，女子则有 1 103 所学校开设该项目
沙滩排球	2 月—5 月	共有 64 所学校有女子沙滩排球项目，棒球没有开设男子项目
保龄球	10 月—次年 4 月	共有 76 所学校有女子保龄球项目，保龄球没有开设男子项目
越野跑	9 月—次年 6 月	共有 990 所学校有男子篮球项目，女子则有 1 071 所学校开设该项目。
击剑	11 月—次年 3 月	共有 35 所学校有男子击剑项目，女子则有 45 所学校开设该项目
曲棍球	8 月—11 月	共有 276 所学校有女子曲棍球项目，曲棍球没有开设男子项目
美式足球（美式橄榄球）	9 月—次年 1 月	D1 中 FBS（Football Bowl Subdivision）包含 128 所学校，D1 中 FCS（Football Championship Subdivision）包含 123 所学校
高尔夫	9 月—次年 5 月	共有 829 所学校有男子高尔夫项目，女子则有 637 所学校开设该项目
网球	10 月—次年 5 月	共有 750 所学校有男子网球项目，女子则有 913 所学校开设该项目
体操	12 月—次年 4 月	共有 16 所学校有男子体操项目，女子则有 83 所学校开设该项目
冰球	9 月—次年 3 月	共有 144 所学校有男子冰球项目，女子则有 90 所学校开设该项目

续表

项目	赛季	D1、D2、D3 三个级别项目开设学校
棍网球	2月—5月	共有371所学校有男子棍网球项目，女子则有498所学校开设该项目
步枪射击	9月—次年3月	共有24所学校有男子步枪射击项目，女子则有30所学校开设该项目
赛艇	3月—5月	共有146所学校有女子赛艇项目，赛艇没有开设男子项目
滑雪	1月—3月	共有33所学校有男子滑雪项目，女子则有35所学校开设该项目
足球	8月—11月	共有835所学校有男子足球项目，女子则有1035所学校开设该项目
垒球	2月—6月	共有1001所学校有女子垒球项目，垒球没有开设男子项目
游泳&跳水	10月—次年3月	共有431所学校有男子游泳以及跳水项目，女子则有548所学校开设该项目
室内田径	9月—次年6月	共有709所学校有男子室内田径项目，女子则有803所学校开设该项目
室外田径	9月—次年6月	共有709所学校有男子室内田径项目，女子则有803所学校开设该项目
排球	女子：8月—12月 男子：1月—5月	共有128所学校有男子排球项目，女子则有1069所学校开设该项目
水球	女子：1月—5月 男子：9月—12月	共有43所学校有男子排球项目，女子则有61所学校开设该项目

　　NCAA有超过50万名学生运动员进入1000多所美国大学进行学习、训练以及比赛，每年超过54000名学生运动员

参与 NCAA 冠军赛。NCAA 在 D1，D2 以及 D3 三个级别的
比赛中会角逐出 89 个全国冠军，其中 45 项授予女性，44 项
授予男性。在这些运动员中，曾培育出像迈克尔·乔丹、文
斯·卡特、哈里斯·巴恩斯、詹姆斯·沃西这样极具市场号
召力的优质球员资源。表 10-3 是美国媒体评出的 NCAA 出产
的十大篮球明星。

表 10-3　NCAA 出产的十大篮球明星

球星	毕业学校
迈克尔·乔丹	北卡罗莱纳大学
埃尔文·约翰逊	密歇根州大学
拉里·伯德	印第安纳州立大学
蒂姆·邓肯	维克森林大学
沙奎尔·奥尼尔	路易斯安那州立大学
威尔特·张伯伦	堪萨斯大学
比尔·拉塞尔	旧金山大学
卡里姆·贾巴尔	加利福尼亚大学洛杉矶分校
奥斯卡·罗伯特森	辛辛那提大学
杰里·韦斯特	西弗吉尼亚大学

NCAA 为职业体育输送了大批人才，同时在奥运会等世
界级比赛中，大学生运动员也成为美国国家队主角。2016 年
里约奥运会，美国体育代表团派出的 555 名参赛运动员中，
在读大学生运动员比例高达 74%，且在参加的 15 个大项中
夺得 25 枚金牌、13 枚银牌、17 枚铜牌。对 NCAA 而言，这
些运动成绩优异的运动员是 NCAA 最有市场价值的体育资产
之一，而对美国体育电视媒体而言，这些拥有众多粉丝的明
星运动员无疑是收视率的保障。

11 结论与讨论

11.1 基于基本实验数据统计得出的结论

11.1.1 基于基市实验数据统计得出的结论

第一，在青少年运动健康认知阶段，广泛的人际关系传播渠道与地方人际关系传播渠道的影响力相当。青少年运动态度以及行为的改变过程始于认知阶段，在这一阶段，大众传媒以及班级同学之间的人际传播是青少年认知创新项目的两个主要渠道。目前，青少年运动健康知识和运动观念主要依赖教师的课堂传授，如果在此基础上能够充分利用大众传媒以及同学之间的人际传播影响力进行运动知识、运动观念的扩散，传播效果可以得到有效提升。有研究显示，在小学低年龄段，青少年接触大众传媒的频率不高，因此班级同学之间的人际传播作用就显得更为重要。

第二，在青少年运动行为改变阶段，人际传播的影响力明显增强，并且这种影响主要发生在学生在校期间的课下时段，而非校外时间。从实验研究效果来看，只接受体育课内传播的控制组学生，其采纳创新运动项目的前后期人数变化不大，与此同时，接受体育课内和课下人际间传播的实验组学生，其采纳创新运动项目的前后期人数变化更大。因此，可以充分利用学生在校期间的课下时间，比如大小课间、自由活动等，通过学生与学生之间的人际交流，配合开展一些有趣新颖的创新体育运动或者体育游戏，有效唤起青少年的运动兴趣，使其真正参与到运动中来。

第三，体育运动项目的特征与青少年运动态度以及行为相关。研究显示，在创新项目所包含的相对优势、相容性、复杂性、可观察性、可实验性五个属性中，相对优势属性对采纳率的影响最大，其次为复杂性。那些有相对优势的、相容性高的、简单易学的运动游戏更易唤起青少年的运动兴趣，进而使其接纳并采用实施。在实验设计的三个创新运动项目中，撕名牌项目的采纳率高于板球，这与该创新项目的相对优势、低复杂性、高相容性有关。根据这一研究结果，在运动项目研发、传播过程中，要充分考虑项目属性，尽可能设计或选择那些具备相对优势、相容性高且简单易学的创新体育运动项目，以达到更好的传播效果。

第四，观念引领者的特征与青少年运动态度以及行为相关。研究显示，那些人际关系广泛的学生的观念领导能力更强，其次为担任班干部的学生，而并非是那些体育成绩突出的学生。如果"传播领袖"同时具备人际关系优势和学生干部身份则最为理想。在实际操作中，可以对这些"传播领袖"进行前期培训，使之熟练掌握运动游戏方法和规则，也可以引导他们学习一定的传播技巧，然后指派这些"传播领袖"在所在班级发挥示范和带动作用。

11.1.2　基于创新运动项目变量实验数据统计得出的结论

基于本研究实验数据的统计分析，可以得出以下研究结论：

第一，实验研究结果显示，实验所选择的三个创新运动项目都在一定程度上被受试者认知、接受和实施。并且，不同创新项目在同一阶段的扩散效果存在差异，同一创新项目在不同阶段的扩散效果也存在差异。从这一结果可以推导出，通过创新运动项目扩散可以一定程度上影响青少年的运动态度以及行为；创新项目的属性特征影响创新的扩散效果；创新项目的属性在创新扩散的不同阶段影响力不同。

第二，从实验结果可以看到，青少年运动态度以及行为的改变过程起始于认知阶段，在这一阶段，那些具备相对优势属性的创新运动项目更容易被青少年认知和了解。根据传播学的认知不和谐相关理论，受众的信息接收行为存在选择性，即选择性注意（Selective Attention），受众往往会选择那些能够支持他们信念与价值观念的信息，以减低他们在认知上的不和谐状态。研究发现，受众对于创新项目的认知度可由以下公式得出：

$$认知度 = \frac{某项创新优越于它所取代的旧主意的程度}{该项创新的复杂程度}$$

由于受试者之前对某个运动项目已有一定的认知积累，当在此运动项目基础上研发的创新项目被介绍的时候，就更容易被他们认知和了解，认知时间周期也要短一些。但与此同时，该创新的复杂程度也会影响受试者的信息选择概率，复杂程度越低，被选择的概率越高，复杂程度越高，被选择的概率越低。尤其是低年龄段小学生，其认知和理解能力有限，在创新扩散的初始阶段，包括接受阶段，尽量不要使其产生认知和接受负担，这一点尤为重要。

第三，在青少年运动态度改变阶段，一部分受试者会有限地尝试该创新运动项目，并对其进行评估，以决定是否最终实施。实验结果显示，在这一阶段，创新运动项目中的相容性属性对创新的扩散效果影响最大。相容性是指某项创新与现有价值观、以往经验、预期采用者需求的共存程度。根据马斯洛的需要层次理论，结合体育运动心理学相关研究，在这里可以将需要归为三种类型，一是追求乐趣的需要，二是归属感的需要，三是展示才能与自我价值的需要。本研究实验结果进一步显示，在以上三种需要中，追求乐趣的需要最为显著。

第四，在青少年运动行为改变阶段，一部分受试者已经完全采纳该项目，并且在较长时间内稳定参与运动。研究显示，在这一阶段，创新项目所包含的限定性属性对扩散效果的影响开始显现出来，那些参与规模相对灵活，既可以多人参与也可以小规模进行的运动项目更容易获得较高的采纳率。反之，那些规模相对稳定，甚至有严格人数规定的项目的采纳率相对较低。同时，开展项目所需要的运动场地越大，或者越有严格的规定，项目的采纳率越低。反之，开展项目所需要的场地规模越小、越灵活，项目的采纳率越高。在这里，项目的实施概率可以用以下公式反映：

实施概率＝规模的灵活度×边界的灵活度

这一研究结论契合了认知评价理论的相关论点，该理论认为，每一事件均包含两种功能：控制功能和信息功能。具有高度控制性的事件是迫使人们按照某种特殊方式去行动、思考、体验的事件，具有低度控制性的事件是使人们感到自己可以选择做什么和如何做的事件。如果事件的控制性高，会降低人们参与这一事件的内部动机需要，或者称为自我主动需要；如果控制性低，自我决策的可能性大，就会提升人的自我主动需要。

11.1.3　基于创新采纳者变量实验数据统计得出的结论

第一，在儿童时期，自我意识的发展是一个比较复杂的过程，本实验中的干预因素——体育游戏，仅在儿童自我意识发展的某些维度上具有成效。

第二，体育游戏对儿童自我意识的发展具有一定促进作用。在合群、焦虑、幸福与满足三个子维度上的促进作用高于其他子维度。研究显示，体育游戏对儿童人际关系、情绪的改善和满足感的建立效益明显。

第三，体育游戏对女童自我意识发展的促进作用较男童更显著。对11岁以上儿童的自我意识发展促进作用明显。

第四，体育游戏中的观念引领者的类型与儿童自我意识的发展无明显关系。

11.2　基于观念引领者 QCA 研究得出的结论

本研究关注并尝试回答的第一个问题，即在青少年运动健康传播领域，那些能够对他人施加影响力的人际传播领袖，究竟是否存在类型学意义上的典型特征，是否能够测定观念引领者的"集中性"，以便能够找出较多地聚集着这些特定类型观念引领者的社会群体。根据社会人际学、被调查者评价以及 QCA 方法，本研究发现，在青少年运动健康传播领域，观念引领者主要存在三种典型类型，具备这些典型属性特征的学生往往具备比其他学生更强的体育影响力。

11.2.1   观念引领者主要存在三种典型类型

第一，"榜样型"观念引领者。

根据研究结果，这种类型的观念引领者的社会特征构成要素呈现为"男生*社会网络关系强*学习成绩好*有其他才艺*班干部"。这些学生所具有的典型特质包括性格活泼、人际交往能力较强、交际面较广、较受同学欢迎。同时，这些学生学习成绩比较突出，容易获得所处环境中其他同学的认同。研究进一步显示，那些学习成绩优异的学生更容易获得老师的肯定和推荐，进而成为班级中的榜样。青少年群体，尤其是低年龄阶段的少年群体，学生之间的相互认同感往往会受到老师的影响。并且，这些榜样在诸多方面都具有影响力，而不仅仅是在体育方面。本研究将这种类型的观念引领者称为"榜样型"观念引领者。

第二，"能力型"观念引领者。

根据本研究，这种类型的观念引领者的社会特征构成要素呈现为"男生*社会网络关系强*体育成绩好*学习成绩好*班干部"。与第一种类型观念引领者属性特征构成诸要素比较可以看到，两者的差异主要表现为后者体育成绩优异。在这里，体育成绩突出成为该类型观念引领者的典型特征。如果说第一种类型的观念引领者的影响力部分来源于教师赋予，那么第二种类型的观念引领者的影响力则主要来源于自身能力和兴趣。这些学生体育兴趣广泛、运动能力强、体育成绩优异，往往会成为学生自发模仿和学习的榜样。尤其对相对高段的学生，这种自发的学习模仿行为表现得尤为明显，本研究将这种类型的观念引领者称为"能力型"观念引领者。

第三，"稀缺型"观念引领者。

根据本研究，这种类型的观念引领者的社会特征构成要素呈现为"女生*社会网络关系强*体育成绩好*学习成绩好*班干部"。这种类型的观念引领者与前两种类型比较，差异主要反映在性别特征上。按照通常观念，体育领域的话题引领者往往是男性，男性似乎在该领域具有先天优势和影响力，但本研究发现，那些体育成绩优秀的女性学生，因其数量相对不多，往往会成为学生心目中的"另类"榜样。这些女生大部分都具有活泼性格，同时又具有超越多数女性学生的运动能力，因此在这样的特定社会群体中就显得与众不同。本研究将这种类型的观念引领者称为"稀缺型"观念引领者。

11.2.2 不同类型观念引领者的影响力在传播的不同阶段存在差异

根据对实验数据的统计分析，可以进一步得出以下研究结论：

第一，在社会学习的第一阶段，即注意过程阶段，"榜样型"观念引领者的传播影响力相对较强，其中"社会网络关系（人缘）"属性是其影响力的决定性因素。这一结论恰好印证了班杜拉社会学习理论中的观点。班杜拉认为，在注意过程阶段，学习者与行为示范者之间的关系是影响其学习行为的因素之一。一般情况下，学习者更愿意接触那些与其关系更为密切的行为示范者，这些行为示范者可能与学习者之间有相对一致的兴趣爱好，有更多彼此接近的机会，可以方便学习者的观察和学习。此外，本研究注意到，在这一阶段，观念引领者被赋予的班级榜样形象在某种程度上增加了其个人魅力，这也是此类型观念引领者在这一阶段更加引人注目、更具影响力的一个因素。

第二，在社会学习的第二和第三阶段，即保持过程以及运动再生过程阶段，"能力型"观念引领者的传播影响力大幅增强，其中"体育成绩"属性是其影响力的决定性因素。根据社会学习理论，学习者对示范行为的记忆主要储存于两个系统之中，一个被称为表象系统，另一个被称为言语编码系统。学习者通过身体器官感知示范行为，当示范行为反复出现，可以引起学习者对示范行为的持续记忆，并将之储存于表象系统之中。当学习者在以后的某些场合中感知到类似行为，表象系统中的记忆就会被唤醒。言语编码系统通过学习者对示范行为进行符号化编码，建立起行为与记忆之间的联系。当学习者受到某一事物的言语信号刺激，便能即刻唤起记忆中该事物的表象。而对于那些言语技能尚未发展成熟的儿童来说，表象系统的作用在社会学习中就显得尤为重要。本研究注意到，"能力型"观念引领者恰恰具备了更强的表象化行为能力，即能够完整、准确、精彩地呈现体育运动行为，因此自然成为这一阶段最有影响力的观念引领者。

第三，在社会学习的第四阶段，即动机过程阶段，"榜样型"观念引领者的传播影响力再次增强，其中"职务"属性成为影响力的决定性因素。班杜拉认为，在这一阶段主要有三方面的因素影响学习者做出示范行为，其中他人对示范者行为的评价是主要因素之一。学习者并非总是会把学习到的行为反复、持续地运用到自己的活动中，它需要某些来自内部和外部的力量刺激，例如，外界对其行为的批评或者肯定。那些受到肯定或鼓励的行为容易被人们较多地采用，被批评或者忽视的行为则容易被人们排斥或放弃。本研究注意到，那些"榜样型"观念引领者对学习者给予的评价往往比其他学生所给出的评价更具分量，在学习者看来，来自"榜样型"观念引领者的评价似乎有某种"官方"效果，这一效果背后带有老师的认同。

11.2.3 主动"培育"观念引领者

从以上研究结论可以看到，观念引领者在青少年运动健康传播中影响力主要由职务、体育成绩、学业成绩、性别等微观要素所决定，不同类型观念引领者在运动健康传播不同阶段所表现出的影响力强弱差异，正是由这些微观要素所决定，换句话说，这些要素在运动健康传播的不同阶段分别决定着观念引领者的影响力强弱。因此，要探究出提升观念引领者传播影响力的有效路径，必须回归到对这些微观要素的干预和培育上来。

第一，"赋权"培育。从本研究可以看到，当观念引领者同时具有诸多优秀条件而获得老师认可时，其影响力将不仅仅源于自身，同时还来源于老师的"赋权"，这种"赋权"行为将强化观念引领者的固有影响力，增加其个人魅力，本研究将这种现象称为"发酵"现象。观念引领者经过"发酵"

的影响力被放大，产生超出自身实际水平的更大影响力。当观念引领者类型中其他各构成要素难以改变，或者在短时间内难以改变的情况下，通过增强教师"赋权"力度，来强化观念引领者传播影响力，是可以尝试的路径之一。

第二，传播技巧培育。增强观念引领者传播影响力的另一个有效路径是提升其传播技巧。本研究发现，观念引领者传播影响力主要来自其自身所具有的某些微观属性特征，如果已经具备各微观要素的观念引领者，能够再拥有传播技巧属性，其健康传播影响力无疑将进一步得到提升。传播技巧的培养需要一个相对较长的周期和过程，因此，在观念引领者选拔阶段，就需要充分考虑其自身的性格特征和心理素质，尽可能选择那些更具亲和力的学生，以达到事半功倍的效果。

第三，"稀缺资源"培育。"稀缺资源"主要是指运动成绩优秀的女性学生，这类学生在低年龄段青少年中占比不高，数量相对有限，因此，对这类观念引领者的选拔和培育就显得尤为重要。要主动寻找、发掘这类有潜在运动能力的女性学生，同时，有意识地进一步培育其作为观念引领者所应具备的各项微观要素，以增强其传播影响力。

11.2.4　建立观念引领者为主体的地方人际传播机制

根据本研究及其他研究成果，青少年运动健康传播就其传播方式而言，包括大众传播、组织传播、人际传播三种传播方式，其中大众传播在增加青少年对体育运动认知方面具有较为明显的效果，但在青少年运动健康态度及行为层面的影响力有限。学校组织传播是青少年健康传播的主要方式之一，其系统性和持续性的优势是大众传播所不能相提并论的，但同时需要注意到，学校组织传播中的强制性和规定性又在一定程度上影响了青少年的学习兴趣。在本研究看来，校内课间学生之间的地方人际传播方式恰好是社会大众传播和学校组织传播的有效补充，通过建立观念引领者为主体的地方人际传播机制，可以有效提升我国青少年运动健康传播效果，为青少年运动健康传播探寻新的路径。

第一，有效选拔、培育、投放传播主体。观念引领者的选拔、培育、投放是本研究关注的核心问题，也是地方人际传播机制的重要组成部分。根据本研究结果，观念引领者社会属性特征相对明确，为观念引领者的选拔及培育提供了一定的可操作性。同时，本研究还进一步指出，在社会学习的四个不同阶段，学习者对观念引领者类型的需求存在一定的差异，操作中需要根据模仿学习的不同阶段，有选择地投放观念引领者，以此提高传播效率。

第二，研发有针对性的传播内容。在前期相关研究中，本研究者已经就创新运动项目（传播内容）与青少年运动健康态度及行为的相关性进行了专门研究。研究发现，体育运动项目的属性与青少年运动态度以及行为总体相关，同时在创新扩散的不同阶段，运动项目属性的影响力大小存在差异。那些具备较高相对优势属性的创新运动项目更易被青少年认知；具备较低限定性的创新运动项目更易被青少年采纳。此外，每项创新运动项目自身特有的限定性属性也会影响创新的扩散效果。

第三，构建友好的地方人际传播环境。本研究所提出的地方人际传播，主要是指校内课间学生之间所进行的交流传播，其中包含传播主体、传播内容、传播时间、传播空间以及传播方式等要素，诸要素互为条件，缺一不可，如果不具备时间与空间条件，本研究所提出的地方人际传播活动就无法开展。但不可否认的是，目前我国中小学课间活动时间不是非常充裕，有时还会因各种原因被占用，相关部门以及教师对地方人际传播的认知也处在启蒙阶段，因此，构建友好、高效的地方人际传播还需要多方协同持续推进。

11.3   基于体育真人秀节目调查得出的结论

第一，增加"唤醒"类产品供给量。

分析显示，社会、群体以及媒介产品是激活受众审美需求唤醒机制的前置性条件，该前置条件是后续受众认知、态度和行为的诱发因素。在三大前置条件中，唤醒类媒介产品供给量对社会、群体以及个体构成深度影响。根据传播议程设置理论，媒体通过持续大量的相似议题产品投放，可以在社会范围内形成风气，进而构建起拟态环境，影响社会以及社会群体。就目前情况来看，虽然近年来体育综艺节目呈现整体上升态势，但从与动辄一年一百多档的真人秀等综艺节目相比较，体育综艺类节目的投放在数量和时长两个指标上均有提升空间。本研究梳理出的 2009—2018 年较有影响力的体育真人秀节目仅有 21 档，与全国各大电视台和视频网站 10 年间播出的娱乐综艺节目总量相比，这个数字似乎就显得有些微不足道了。策划并播出更多邀请体育明星或具有较强运动能力的娱乐明星参加，并且内容积极、健康、向上的体育真人秀节目，是吸引青少年观看节目并进一步通过节目来影响这一群体运动健康态度的有效途径。

第二，增强产品营销推广力度。

在节目资源极大丰富的时代，营销成为体育综艺节目成功必不可少的元素。据央视调查咨询中心统计，我国目前有3 500多个电视频道，每个城市的家庭至少可以收看50个以上的频道，多的可以收看100个以上频道，其可选择性远远大于观众的实际收看能力，这还没有包括网络平台节目数量。酒香也怕巷子深，广而告之自我营销，尤其是借助新媒体社交平台，完成线上下线融合联动，是实现良好传播效果的重要手段。

在传播学研究中，关于传受关系的研究一直是重点研究领域，早期传播效果研究中提出"强效果论"，把受众看作是被动的信息接受者，在这些理论中传者居于中心地位。但随着传播效果研究的发展，研究者发现受众并不是单纯的、被动的内容接受者，进而提出"有限效果论"，至20世纪80年代又出现"宏观效果论"，在这些理论中，已经显现出"传者中心"向"受众中心"的转向。其中传播学领域的"使用与满足理论"，文化研究领域的"接受美学理论"，经济学领域的"受众市场论"等一大批研究开始将研究重点集中于受众心理、动机、选择行为，以及媒介如何更好地满足受众需求等方面。

在传播实践方面，各类传播媒介也经历了"媒介本位"到"受众本位"的观念转变过程，其积极意义在于精准把握市场，生产适销对路的媒介产品，实现传播效果和媒介利益最大化；但另一方面，一味迎合市场、迎合受众需求，也导致部分媒介产品低俗化甚至恶俗化。一些媒体虽有明确的"责任意识"，但也恐惧"主动作为"带来的不确定性而不敢轻易为之。通过研究调查可以看到，媒体不仅可以"主动作为"，而且应该"主动作为"。

从理论层面，媒介可以"主动作为"。通过本研究可以清楚看到，一部分受众的审美意识、情感体验的需求处于"模糊"存在状态，如果没有外部诱因的出现，这些潜在意识很难被激活。弗洛伊德将心理活动划分为三个领域：意识，前意识，潜意识。其中前意识部分指的是那些不为个体所知，个体意识不到，但又确实存在并且影响甚至左右个体心理活动的部分，它介于意识和潜意识之间，通过注意的努力，这些意识中的一部分可以从前意识回到意识中来。在这里，媒介所供给的那些具有较高体育审美价值的产品，正是吸引受众注意力的外部诱因之一。就媒介产品微观层面而言，体育综艺节目推广营销，节目形式美感，节目内容美感都是引起受众注意，激活受众审美意识的重要因素。

从社会层面，媒介应该"主动作为"。满足受众信息需求和心理需求，是媒介应发挥的社会功能。唤醒激活受众前意识中那些有意义、有价值的心理需求，引导其行为更加趋向积极高尚，是媒介应承担的社会责任。体育真人秀节目能够为青少年提供轻松愉悦的观看体验，无论是相关体育项目的设置、明星的号召力、明星导师的影响力及大众选手的高水平表现，还是节目所传递出的"永不言弃、团结拼搏"的体育精神，都对青少年体育运动态度的改变产生了积极的影响。

11.4 基于媒介青少年体育赛事传播情况调查得出的结论

第一，与体育部门联手，增加青少年体育赛事产品投放量。

NCAA 提供的大量体育赛事产品是吸引美国体育媒体深度介入大学体育市场的原动力之一。根据中国大学生体育协会 2018 年公布的大学生竞赛计划，2018 年全国性大学生竞赛共举办了包括 46 个运动项目的 109 项比赛，比赛分布时间覆盖全年。在这些比赛中，影响力较大的赛事包括中国大学生篮球联赛（CUBA）、中国大学生 3×3 篮球联赛、全国青少年校园足球联赛、中国大学生五人制足球联赛等大球项目赛事，其比例占到赛事总量的 5% 左右。

尽管如此，大学体育赛事产品总量与我国庞大的大学生人口基数相比较，仍显得不够丰富。根据 2018 年教育部发布的《中国高等教育质量报告》，2018 年中国大学生在校人数达到 3 700 万人，位居世界第一，全国各类高校达到了 2 852 所，位居世界第二。如此庞大的中国大学生人口基数和消费需求，需要与之匹配的赛事产品市场投放量。目前来看，大学体育赛事产品供给还存在很大的市场空间。增加体育赛事产品供给，首先需要量的铺垫，为体育媒体提供更多的赛事产品选择，才能吸引媒体更多介入大学体育市场。

第二，加强赛事媒体宣传力度，提升体育产品 IP 价值。

面对多样化的体育赛事产品，媒体毫无疑问会选择那些更具市场号召力的、更成熟的赛事。如何利用媒体整体提升大学体育赛事影响力，尤其是推广那些影响力有限的小众运动项目比赛，NCAA 提供了可借鉴的操作模式，即以热门体育赛事市场化运作拉动其他体育资产的 IP 价值。例如美国全国大学篮球联赛是大学运动项目中规模最大、盈利最丰厚的项目，但主办机构并不享有比赛带来的收入，而是将数十亿美元的电视转播收入分配给参加比赛的学校，以促进高校的体育竞赛的发展，这其中就包括扶植相对小众的比赛。

目前在我国大学生各竞赛项目中，热门体育赛事的市场价值已经初现端倪，2018 年 8 月 6 日，随着中国大学生篮球联赛 CUBA 独家商务运营服务采购竞标流程结束，阿里体育以总金额超过 10 亿元获得了 CUBA 未来七个赛季（至 2025 年 9 月）的独家运营权，创造了 CUBA 商务运营权售卖的新纪录。虽然与此前腾讯以 5 年 5 亿美元购买 NBA 版权相比，CUBA 在价格上还不及 NBA，但对于造血不足的中国大学生体育赛事已经是巨大利好。对于中国大学生体育协会而言，现在需要做的是，从有限的经费中拿出必要的一部分投入到赛事媒体宣传推广中，增加重点赛事曝光度，提升赛事影响力，吸引市场关注，形成良性循环。

第三，生产高品质体育赛事衍生媒介产品。

体育赛事衍生媒介产品，不仅仅只有体育赛事转播，从形态上还可以包括新闻资讯、新闻专题报道、人物专访、综艺节目等多种节目形态，从时间维度上还可以包括赛前、赛中、赛后相关节目产品。例如 NCAA 的"疯狂三月"，在比赛开始前，从比赛日下午就有大型的演唱会免费为球迷开放。

此外，体育赛事本身在赛制、比赛规则设计、比赛时间安排、比赛场地和服装器材选择上也需要充分考虑电视转播的需要。比赛赛制设计既要求赛事有足够的时间延续性，稳定收视群，又要求赛程节奏紧凑，增加比赛悬念性。电视转播对比赛规则设计的要求是，每场比赛用时长度相对固定可控，并且将整场比赛进行合理切分，为电视插播广告预留空间。电视转播对比赛时间安排也有一定要求，比赛时间尽可能安排在晚间黄金时段进行，以提高节目收视率。由于电视镜头擅长捕捉现场细节，为了满足电视转播画面对比赛细节的艺术性要求，还必须充分考虑比赛场地周边环境，比赛服装和比赛器材的近距离观赏效果。简单来说，满足媒体收视率需求，就是满足大学体育赛事的受众需求。

大学体育赛事传播的最终目的，不是为了走向商业化，而是希望以此为手段，提升大学体育竞赛的自我造血功能，自给自足实现大学体育竞赛的可持续健康发展，在大学营造更为浓郁的体育文化氛围，推动体育与教育结合，并最终促进大学生的全面发展。在NCAA里，体育精神感染着每个人，年轻人全心全意地拼搏，是因为热爱，而非获取金钱利益。"疯狂三月"的疯狂之处就在于，只要相信自己，那么没有什么对手是不可战胜的。就像是马刺队球星盖伊说的那样："作为球员，当年我输球的时候，我并不开心，但现在我为这些年轻人感到开心。这些孩子们的信仰是那样地坚定。"

附录一

青少年运动态度以及行为传播干预策略调查问卷

1. 基本情况调查

Q1 你的性别

A. 男　　　　　B. 女

Q2 你的年龄

A. 9 及以下　　B. 10 岁　　　　C. 11 岁　　　　D. 12 岁以上

Q3 你的年级

A. 三年级　　　B. 四年级　　　C. 五年级

Q4 是否担任班干部或者少先队干部

A. 是　　　　　B. 否

Q5 你父亲的职业是

A. 企业职工　　　　　　　B. 政府机关及事业单位职工

C. 个体或自由职业者　　　D. 农业工作者

Q6 你母亲的职业是

A. 企业职工　　　　　　　B. 政府机关及事业单位职工

C. 个体或自由职业者　　　D. 农业工作者

2. 健康状况调查

Q7 你的身高

A. 1.30 米以下　　　　　　B. 1.30 ~ 1.45 米

C. 1.45 ~ 1.60 米　　　　　D. 1.60 米以上

Q8 你的体重

A. 20 千克以下　　　　　　B. 20 ~ 30 千克

C. 30 ~ 40 千克　　　　　　D. 40 千克以上

Q9 你的视力

A. 0.6 以下　　　　　　　　B. 0.6 ~ 0.8

C. 0.8 ~ 1.0　　　　　　　　D. 1.0 以上

Q10 你的肺活量

A. 1600 mL 以下　　　　　　B. 1600 mL ~ 1800 mL

C. 1800 mL ~ 2000 mL　　　D. 2000 mL 以上

Q11 你的 50 米跑步成绩

A. 优秀　　　B. 良　　　C. 及格　　　D. 不及格

Q12 你的立定跳远成绩

A. 优秀　　　B. 良　　　C. 及格　　　D. 不及格

Q13 你每学期因病向学校请假的次数

A. 0 次　　　B. 1 次　　　C. 2 次　　　D. 2 次以上

3. 课外以及课间体育活动基本情况调查

Q14 你每周参加课外体育运动的数量

A. 不足一次　　　　B. 一至两次　　　C. 三次以上

Q15 你每次课外体育活动的时间

A. 30 分钟以内　　　B. 30 分钟 ~ 1 小时

C. 1 小时 ~ 2 小时　　D. 2 小时以上

Q16 你喜欢参加的课外体育活动类别（可多选）

A. 田径　　　　　　B. 武术、跆拳道

C. 球类　　　　　　　D. 体操、舞蹈

E. 游泳　　　　　　　F. 其他

Q17 你参加过学校运动会的什么项目

A. 广播操　　　　　　B. 拔河　　　　　　C. 田径

D. 球类　　　　　　　E. 其他　　　　　　F. 不参加

Q18 你会怎样安排课间

A. 休息　　　　　　　B. 看书

C. 运动　　　　　　　D. 其他

Q19 课间你都进行什么样的运动游戏

A. 跳绳等单人活动　　　　　　　　B. 球类运动

C. 老鹰捉小鸡等群体活动　　　　　D. 其他

4. 运动健康态度

Q20 你喜欢上体育课吗

A. 非常喜欢　　　　　　　　　B. 喜欢

C. 一般　　　　　　　　　　　D. 不喜欢

Q21 你们认为现在体育课的课时是否合适

A. 合适　　　　　　B. 过少　　　　　　C. 过多

Q22 你是否赞同其他科目老师占用体育课时间

A. 赞同　　　　　B. 无所谓　　　　　C. 不赞同

Q23 你喜欢参加课外以及课间体育活动吗

A. 喜欢　　　　　B. 一般　　　　　C. 不喜欢

Q24 你参加体育运动的目的是

A. 锻炼身体　　　　　　　　　B. 爱好

C. 被迫　　　　　　　　　　　D. 其他

Q25 你认为培养体育爱好重要吗

A．重要　　　　B．一般　　　　C．不重要

5．创新扩散影响因素

Q26　你知道以下哪种运动游戏（可多选）

A．跳橡皮筋　　　　　　B．踢毽子

C．板球　　　　　　　　D．撕名牌

Q27　你做过以下哪种运动游戏（可多选）

A．跳橡皮筋　　　　　　B．踢毽子

C．板球　　　　　　　　D．撕名牌

Q28　你通过什么渠道了解最新运动游戏（比如撕名牌）（可多选）

A．媒体（报纸、广播、电视、网络、电影等）

B．家长　　　　　　　　C．老师

D．同学　　　　　　　　E．其他

Q29　你会把你了解学习到的新运动游戏教给其他同学并与他们一起玩吗

A．会　　　　B．有时会　　　　C．不会

Q30　你们会在哪里玩新的运动游戏

A．学校　　　B．校外　　　C．学校或者校外

Q31　你们一般在什么时间玩新运动游戏

A．体育课　　　B．课间　　　C．放学后

Q32　你往往是运动的发起者还是跟随者

A．发起者　　　　B．跟随者

Q33　你通过什么方式带动其他同学参与游戏

A．讲解游戏的精彩

B．示范给其他人看

C. 先和一两个好朋友玩，然后带动其他人加入

D. 其他

Q34 你喜欢和谁一起玩运动游戏

A. 学习成绩优秀的同学

B. 体育运动能力强的同学

C. 好朋友

D. 无所谓

Q35 你喜欢什么类型的新运动游戏

A. 简单的

B. 和以前运动游戏类似的

C. 比以前运动游戏更优越的

问卷填写说明：

1、除专门说明可以多选的问题，其他问题均为单选

2、请在每一个问题中适合自己情况的答案号码上打钩

3、填写问卷时，请不要与他人商量。

附录二

　　下面有 80 个问题，是关于你怎样看待自己的调查。请你决定哪些问题符合你的实际情况，哪些问题不符合你的实际情况。如果你认为某一个问题符合或基本符合你的实际情况，就在相应的题号后的"是"字上画圈。每一个问题你只能选择一种回答，并且每一个问题都需要回答。请注意，这里要回答的是你实际上认为你怎样，而不是回答你认为你应该怎样。填时请不要涂改。

1. 我的同学嘲弄我　　　　　　　　　　是　　　否

2. 我是一个幸福的人　　　　　　　　　是　　　否

3. 我很难交朋友　　　　　　　　　　　是　　　否

4. 我经常悲伤　　　　　　　　　　　　是　　　否

5. 我聪明　　　　　　　　　　　　　　是　　　否

6. 我害羞　　　　　　　　　　　　　　是　　　否

7. 当老师找我时，我感到紧张　　　　　是　　　否

8. 我的容貌使我烦恼　　　　　　　　　是　　　否

9. 我长大后将成为一个重要的人物　　　是　　　否

10. 当学校要考试时，我就烦恼　　　　是　　　否

11. 我和别人合不来　　　　　　　　　是　　　否

12. 在学校里我表现好　　　　　　　　是　　　否

13. 当某件事做错了，常常是我的过错　是　　　否

14. 我给家里带来麻烦　　　　　　　　是　　　否

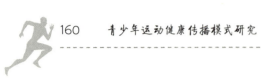

15. 我是强壮的　　　　　　　　　　　　　　　是　　否

16. 我常常有好主意　　　　　　　　　　　　　是　　否

17. 我在家里是重要的一员　　　　　　　　　　是　　否

18. 我常常想按自己的主意办事　　　　　　　　是　　否

19. 我善于做手工劳动　　　　　　　　　　　　是　　否

20. 我容易泄气　　　　　　　　　　　　　　　是　　否

21. 我的学校作业做得好　　　　　　　　　　　是　　否

22. 我干许多坏事　　　　　　　　　　　　　　是　　否

23. 我很会画画　　　　　　　　　　　　　　　是　　否

24. 在音乐方面我表现不错　　　　　　　　　　是　　否

25. 我在家表现不好　　　　　　　　　　　　　是　　否

26. 我完成学校作业很慢　　　　　　　　　　　是　　否

27. 在班上我是一个重要的人　　　　　　　　　是　　否

28. 我容易紧张　　　　　　　　　　　　　　　是　　否

29. 我有一双漂亮的眼睛　　　　　　　　　　　是　　否

30. 在全班同学面前讲话，我可以讲得很好　　　是　　否

31. 在学校我是一个幻想家　　　　　　　　　　是　　否

32. 我常常捉弄我的兄弟姐妹　　　　　　　　　是　　否

33. 我的朋友喜欢我的主意　　　　　　　　　　是　　否

34. 我常常遇到麻烦　　　　　　　　　　　　　是　　否

35. 在家里我听话　　　　　　　　　　　　　　是　　否

36. 我运气好　　　　　　　　　　　　　　　　是　　否

37. 我常常很担忧　　　　　　　　　　　　　　是　　否

38. 我的父母对我期望过高　　　　　　　　　　是　　否

39. 我喜欢按自己的方式做事　　　　　　　　　是　　否

40. 我觉得自己做事丢三落四　　　　　　　　　是　　否

41. 我的头发很好 是 否

42. 在学校我自愿做一些事 是 否

43. 我希望我与众不同 是 否

44. 我晚上睡得好 是 否

45. 我讨厌学校 是 否

46. 在游戏活动中，我常常作为最后才被
选择的成员 是 否

47. 我常常生病 是 否

48. 我常常对别人小气 是 否

49. 在学校里同学们认为我有好主意 是 否

50. 我不高兴 是 否

51. 我有许多朋友 是 否

52. 我快乐 是 否

53. 对大多数事我不发表意见 是 否

54. 我长得漂亮 是 否

55. 我精力充沛 是 否

56. 我常常打架 是 否

57. 我与男孩子合得来 是 否

58. 别人常常捉弄我 是 否

59. 我家里对我失望 是 否

60. 我有一张令人愉快的脸 是 否

61. 当我要做什么事时，总觉得不顺心 是 否

62. 在家里我常常被捉弄 是 否

63. 在游戏和体育活动中我是一个带头人 是 否

64. 我笨拙 是 否

65. 在游戏和体育活动中我只看不参加   是   否

66. 我常常忘记我所学的东西   是   否

67. 我容易与别人相处   是   否

68. 我容易发脾气   是   否

69. 我与女孩子合得来   是   否

70. 我喜欢阅读   是   否

71. 我宁愿独自做事，而不愿与许多人一起做事情   是   否

72. 我喜欢我的兄弟姐妹   是   否

73. 我的身材好   是   否

74. 我常常害怕   是   否

75. 我总是跌坏东西或打坏东西   是   否

76. 我能得到别人的信任   是   否

77. 我与众不同   是   否

78. 我常常有一些坏的想法   是   否

79. 我容易哭叫   是   否

80. 我是一个好人   是   否

参考文献

[1] 张自力. 健康传播研究的发展、现状与趋势[C]//第六届
亚太地区媒体与科技和社会发展研讨会论文集. 北京：
中国科技新闻学会，2008：562-567.

[2] 清华大学国际传播研究中心. 走向细分的健康传播——2013
年国内外健康传播研究现状分析[C]//第八届中国健康
传播大会优秀论文集. 北京：清华大学国际传播研究中
心，2013：2-12.

[3] 方程. 青少年"三位一体"体育健康教育模式研究——基
于西安市的调查[J]. 成都体育学院学报，2013（5）：
37-43.

[4] 埃弗雷特·M. 罗杰斯. 创新的扩散[M]. 辛欣译. 第 5
版. 北京：中央编译出版社，2002.

[5] 毛湛文. 定性比较分析（QCA）与新闻传播学研究[J]. 国
际新闻界，2016（4）：6-25.

[6] 戴元光. 传播学研究理论与方法[M]. 第 2 版. 上海：
复旦大学出版社，2008.

[7] 刘丹青. 语言类型学[M]. 上海：中西书局，2017.

[8] 保罗·F. 拉扎斯菲尔德，伯纳德·贝雷尔森，黑兹尔·高
德特. 人民的选择——选民如何在总统选战中做决定（第
三版）[M]. 唐茜译. 北京：中国人民大学出版社，2012.

[9] 伯努瓦·李豪克斯，查尔斯·C. 拉金. QCA 设计原理与应用：超越定性与定量的新方法[M]. 杜运周等译. 北京：机械工业出版社，2017.

[10] 李琳，李鑫. 不同运动项目对中学生人格和自我意识的影响的研究[J]. 成都体育学院学报，2010（8）：68-72.

[11] 李焕玉，殷恒婵. 运动与非运动群体肥胖中小学生自我认识水平与特点的研究[J]. 沈阳体育学院学报，2011（12）：76-79.

[12] 马启伟，张力为. 体育运动心理学[M]. 杭州：浙江教育出版社，2002.

[13] 黄黎新. 创新运动项目特征与青少年运动态度及行为的相关性研究[J]. 成都体育学院院报，2019（2）：116-120.

[14] 罗伯特·B. 西奥迪尼. 影响力[M]. 闾佳译. 北京：北京联合出版公司，2016.

[15] 约瑟夫·A. 德维托. 人际传播教程（第十二版）[M]. 余瑞祥，汪潇，程国静，等译. 北京：中国人民大学出版社，2011.

[16] 耐普，戴利. 人际传播研究手册（第四版）[M]. 胡春阳，黄红宇译. 上海：复旦大学出版社，2015.

[17] 莱斯莉·A. 巴克斯特，唐·O. 布雷斯韦特. 人际传播：多元视角之下[M]. 殷晓蓉，赵高辉，刘蒙之译. 上海：译文出版社，2010.

[18] 阿尔伯特·班杜拉. 社会学习理论[M]. 陈欣银，李伯黍译. 北京：中国人民大学出版社，2015.

[19] 帕特丽夏·盖斯特-马丁，艾琳·伯林·蕾，芭芭拉·F. 沙夫. 健康传播：个人、文化与政治的综合视角[M]. 龚

文庠，李利群译．北京：北京大学出版社，2006．

[20] ABRAHAMSON M. Social Research Methods[M]. Englewood Cliffs, N. J. : Prentice-Hall, 1983.

[21] 陈宁．全民健身概论[M].成都：四川教育出版社，2003.

[22] 黄黎新．四川省中小学运动健康传播路径与效果研究—— 基于实验研究方法的实证分析[J].今传媒，2018（2）：117-120.

[23] 约翰·布鲁德斯·华生．行为主义[M].李维译．北京：北京大学出版社，2012.

[24] 丹尼斯·麦奎尔．受众分析[M].刘燕南，李颖，杨振荣译．北京：中国人民大学出版社，1987.

[25] 李艺，刘成新．影视艺术传播与审美[M].北京：中国广播电视出版社，2002.

[26] H. R. 姚斯，R. C. 霍拉勃．接受美学与接受理论[M].金元浦，周宁译．沈阳：辽宁人民出版社，2008.

[27] 泰勒，佩普劳，希尔斯．社会心理学[M].谢晓非等译．北京：北京大学出版社，2004.

[28] 罗伯特·L. 索尔所，M. 金伯利·麦克林，奥托·H. 麦克林．认知心理学[M].邵志芳，李林，等译．上海：上海人民出版社，2004.

[29] 爱德华滋．意识与潜意识[M].贾晓明译．北京：北京大学出版社，2008.